Comportamiento ético
de la poesía de Antonio Machado

Comportamiento ético
de la poesía de Antonio Machado

by

ELISA ROSALES JUEGA
Northern Arizona University

Juan de la Cuesta
Newark, Delaware

The Graduate College of the University of Northern Iowa
has generously supported the publication of this volume.

MANUFACTURED IN THE UNITED STATES OF AMERICA

ISBN: 0-936388-33-1

Índice

Prólogo

ANTONIO MACHADO FUE UNA de las figuras más destacadas en el panorama literario e intelectual de su época. Hoy, en el primer centenario de la generación del 98, cuando muchos de sus contemporáneos están teniendo dificultades en superar la prueba del tiempo, Machado sigue siendo considerado como uno de los grandes y más queridos escritores de nuestra literatura. La crítica nunca ha sido injusta con él, en el sentido de que siempre ha reconocido la calidad de su obra, y de la continua atención a ella dedicada desde los días de la vida del escritor hasta los nuestros. Poeta y filósofo "sui generis," su obra ha sido objeto de muy variados análisis: desde el estudio de los aspectos más puramente literarios, hasta el estudio de su pensamiento allí donde éste arriesga una respuesta a las preguntas más difíciles sobre la existencia humana. Su obra, en efecto, ha traspasado el ámbito de la crítica literaria y ha sido cordialmente acogida como tema de reflexión por los profesionales de la filosofía. De este polarizado análisis es responsable en gran medida la forma misma en que se presenta la obra de Machado: por una parte está la poesía, donde se nos da prioritariamente la faceta del artista; por la otra, la prosa, donde se revela abiertamente la faceta del pensador.

Lo más interesante ha sido, sin embargo, cuando, superando las aparentes y efectivas diferencias entre ambos géneros, la crítica ha visto la estrecha relación que hay entre ellos. El estudio de la poesía, al ser abordado desde una perspectiva filosófica, ha ganado notablemente en profundidad. Los textos en prosa contribuyen a iluminar ese ancho espacio de la sugerencia que queda entreabierto tras cada poema. Un breve ejemplo puede ilustrar con claridad el tipo de relación que se establece entre la poesía y la prosa de Machado.

Consideremos paralelamente un poema y un texto en prosa que están relacionados entre sí por el tema del que se ocupan. El poema es el siguiente:

> Para tu ventana
> un ramo de rosas me dio la mañana.
> Por un laberinto, de calle en calleja,
> buscando, he corrido, tu calle y tu reja.
> Y en un laberinto me encuentro perdido
> en esta mañana de mayo florido.
> Dime dónde estás.
> Vueltas y revueltas. Ya no puedo más.[1]

El poema es sencillo y fácil, en el sentido de que el lector inmediatamente se siente conmovido por la bella imagen del enamorado perdido entre calles con un ramo de rosas en la mano. Ahora bien, el lector sabe que la imagen no es un trasunto de la realidad — poco probable es que alguien se pierda en las circunstancias del poema — y desde el primer momento se encuentra preguntándose qué situación humana, ahora sí real, se esconde tras la imagen. El llegar a una respuesta quizá no sea ya tan fácil.

Veámos ahora el texto en prosa:

> El amor mismo es aquí un sentimiento de ausencia. La amada no acompaña; es aquello que no se tiene y vanamente se espera. El poeta, al evocar su total historia emotiva, descubre la hora de su primera angustia erótica. Es un sentimiento de soledad o, mejor, de pérdida de una compañía, de ausencia inesperada en la cita que confiadamente se dio. [...] A partir de este momento el amor empieza a ser consciente de sí mismo. Va a surgir el objeto

---

[1] "De un cancionero apócrifo," Oreste Macrí, edición crítica, *Poesía y prosa*, de Antonio Machado, 4 vols. (Madrid: Espasa Calpe, 1988) 684-85.
En citas sucesivas seguiremos esta edición; también, José María Valverde, edición, introducción y notas, *Juan de Mairena*, de Antonio Machado (Madrid: Castalia 1971); y Julio Rodríguez Puértolas y Gerardo Pérez Herrero, colección, introducción y notas, *La guerra. Escritos: 1936-1939*, de Antonio Machado (Madrid: Emiliano Escolar, 1983).

erótico — la amada para el amante o viceversa — que se opone al amante [...] y que lejos de fundirse con él, es siempre lo otro, lo inconfundible con el amante, lo impenetrable, no por definición, como la primera y segunda personas de la gramática, sino realmente. Empieza entonces para algunos — románticos — el calvario erótico; para otros, la guerra erótica, con todos sus encantos y peligros, y para Abel Martín, poeta, hombre integral, todo ello reunido, más la sospecha de la esencial heterogeneidad de la sustancia.[2]

La profundidad que intuíamos en el poema encuentra su medida en este texto en prosa. No significa esto que prosa y poesía se necesiten mutuamente para terminar de decir lo que cada una por separado dejaría, si no, a medias. Todo lo contrario: prosa y poesía son autosuficentes y completas en sí mismas. Son dos formas diferentes de abordar un mismo problema. Como dice Eustaquio Barjau, "Machado nos ofrece, pues, con su obra en verso y en prosa dos vías de acceso a una misma visión."[3]

Del reconocimiento de la unidad entre la poesía y la prosa machadianas han partido estudios tan importantes como el de José María Valverde: *Antonio Machado* (1975); el de Antonio Sanchez Barbudo: *Estudios sobre Unamuno y Machado* (1959); o el de Pedro Cerezo Galán: *Palabra en el tiempo: poesía y filosofía en Antonio Machado* (1975), por citar sólo algunos. En lo que a este trabajo se refiere, tendremos también aquí un importante punto de apoyo. Nuestro argumento se formula como sigue: una de las características fundamentales de la prosa machadiana es su componente ético. Esto es algo que nadie pone en duda, dado lo explícito de su formulación. Por otra parte, leemos la poesía y, sin haber conocido personalmente al escritor, nos parece acertadísimo el apodo que le dieron sus contemporáneos: Antonio Machado, "el bueno." Y nos sorprende por su simplicidad, profundidad y justicia, a los que hoy sólo contamos con la obra del escritor, la descripción que José Machado hace de su

---

[2] "De un cancionero apócrifo," Macrí 687.

[3] Eustaquio Barjau, *Teoría y práctica del apócrifo* (Barcelona: Ariel, 1975) 55.

hermano: dice José que en Antonio se reunen dos componentes que raramente se dan juntos en un artista: la bondad y el talento.[4] Tenemos, pues, la prosa, donde, dado su caracter explícito, podemos hablar de ética con toda seguridad; y tenemos, la poesía, sugeridora, evocadora, cuidándose siempre de no nombrar lo que quiere, que nos deja con la impresión de la bondad de su autor. Es en virtud, entonces, de la estrecha unidad entre prosa y poesía, y dada la claridad con que lo ético se manifiesta en la prosa, que nos sentimos respaldados para emprender un estudio dirigido al entendimiento y a la valoración de esa impresión de bondad con que se queda el lector de la obra poética machadiana.

El título de este libro, "Comportamiento ético de la poesía de Machado," ya delata una importante restricción sobre el campo de nuestro estudio. Dicho título presupone una distinción preliminar entre lo que vamos a llamar "preocupaciones éticas" y "comportamiento ético" en la obra de arte. Lo primero está formulado más o menos explícitamente y se llega a ello a través de un análisis de contenido. Lo segundo es algo que atañe al modo mismo de hacerse una obra. El comportamiento ético, en términos generales, es una forma de estar en el mundo, algo que anima en determinado sentido cualquier acción, siendo una de ellas el trabajo del artista.

El estudio de lo ético en la obra de Machado puede enfocarse a través de estas dos categorías. La prosa, y esto es comunmente aceptado, como decíamos más arriba, es un ejemplo claro de la expresión en ella de preocupaciones éticas. Podría decirse que se constituye fundamentalmente como una reflexión profunda sobre el comportamiento humano. Reflexión que aventura con seguridad el juicio de valor, a pesar de las declaraciones de Mairena cuando dice "no haber salido ni aun en sueños de ese laberinto de lo bueno y lo malo."[5] La poesía, por su parte, sin hablar de ética, cualquiera que sea su tema, está animada, sostenemos nosotros, por unos principios éticos, los mismos que animarían cualquier otra acción del poeta. Como acción la poesía es una puesta en práctica, entre las muchas

---

[4] En carta a Tomás Navarro Tomás en febrero de 1939 dice José Machado: "Creo que en pocas personas se habrán igualado la bondad y el talento como en mi pobre hermano." (*La Guerra* 347)

[5] *Juan de Mairena* 161.

posibles — tantas como acciones — de los principios éticos de los que se habla en la prosa. Lo que se tratará de demostrar aquí es que la poesía de Machado se constituye como una realización ética; que la poesía de Machado es en sí misma un comportamiento ético.

En la prosa la crítica nunca ha tenido dificultad en señalar la importancia de lo ético. Pero sólo la más reciente se ha atrevido a buscarlo también en la poesía. Ejemplos de esta última tendencia en la crítica son el libro de Simón Guadalajara: *El compromiso en Antonio Machado (a la ética por la estética)* (1984); o el de Francisco Zaragoza Such, aún más centrado en el tema: *Lectura ética de Antonio Machado* (1982). Dichos autores desarrollan un tipo de análisis parecido al que se ha llevado a cabo en la prosa. Los poemas de Machado en los que se centra su estudio han sido elegidos fundamentalmente atendiendo a razones de contenido. Son poemas de marcada temática social donde está expresada claramente la preocupación machadiana por determinados problemas éticos. El estudio que nosotros proponemos es substancialmente diferente. Si hasta ahora lo ético en la obra de Machado, tanto en la prosa como en la poesía, siempre ha sido considerado como "preocupaciones" respecto a este tema expresadas en la obra, lo que nosotros proponemos aquí para la poesía, es la consideración de ésta como "comportamiento" ético. Esto significa primordialmente un importante cambio en el punto de mira de la cuestión. Nuestro análisis deja a un lado lo expresado explícitamente, lo que el poeta dice. Nuestra atención se dirige al modo mismo en el que el poeta se expresa; a aquello que no está expresado, sin embargo, explícitamente. En otras palabras: nuestra atención se dirige a lo ético como procedimiento.

Ofrecemos ahora una breve descripción del contenido de cada capítulo con el fin de adelantar una visión global de este trabajo. El capítulo primero se constituye como una aclaración preliminar sobre nuestro particular modo de acercarnos al tema de estudio propuesto. Este capítulo consta de dos partes perfectamente diferenciadas. En la primera desarrollamos una discusión en torno a la situación de la crítica moderna, al tiempo que vamos definiendo nuestra propia posición al respecto. Se denuncia aquí el sinsentido en que ha desembocado la crítica de los últimos tiempos que, bajo el lema del "pluralismo lingüístico," pospone indefinidamente el momento de la decisión, de la toma de postura. El riesgo de subjetivismo que éstas entrañan ha llevado a la crítica a esquivarlas sistemáticamente en nombre de una supuesta generosidad intelectual, como si el dejar de decidir fuese la solución a la problemática que la decisión, en efecto, entraña. La segunda parte del capítulo es un acercamiento al problema de lo ético en general y una delimitación del campo de estudio al que se refiere el título de este trabajo. Aquí se destaca la importancia del arte en la formación de la consciencia moral; y se explica que cuando hablamos de comportamiento ético de la poesía de Machado, no es nuestra intención averiguar si esta poesía encaja o no dentro de determinadas convenciones morales, sino de demostrar que esta poesía afecta éticamente al lector, que, al leerla, el horizonte moral del lector se engrandece.

En el segundo capítulo, "Ejemplo de lo ético como comportamiento en tres poemas de Machado," se entra ya en el estudio de la obra de este escritor. Con la existencia de la sospecha de un comportamiento ético nos acercamos a estos tres poemas, sin ninguna idea preconcebida de lo que ese comportamiento pueda ser. Si hemos elegido empezar nuestro estudio de esta forma es porque reproduce, de hecho, la forma en que se ha llevado a cabo la investigación. El poema, un microcosmos en sí mismo, es, al principio del estudio, una unidad manejable para el crítico. Resulta muy difícil abordar de entrada la obra en su totalidad. En nuestro caso, los tres poemas han respondido positivamente, cada uno a su manera, a la sospecha inicial, dejando así el camino abierto para futuras reflexiones que aspiren a un entendimiento global de la obra estudiada.

Los capítulos 3 y 4 "Aceptación del espacio" y "Aceptación del otro," son esta reflexión de conjunto sobre la poesía machadiana. Aquí se tratará de desentrañar ése que pueda ser el nervio central de la misma. La discusión se organizará en torno a las propuestas que formulan cada uno de los dos capítulos y los textos de Machado citados estarán en función ilustrativa de lo que vayamos defendiendo. Por otra parte, para un mejor entendimiento de los problemas tratados en ambos capítulos se comparará brevemente a Machado con sus compañeros de la Generación del 98. Dicha comparación contribuirá, pensamos, a una caracterización más penetrante de lo que le es peculiar al escritor que nos ocupa.

Por último, los capítulos 5 y 6, "Autenticidad. Estudio particular de determinados aspectos formales" y "Autenticidad. Consideraciones formales de conjunto," se dedican, como su título indica, a cuestiones de forma en dos niveles de estudio diferentes. Cuestiones de forma, por otra parte, siempre en relación con el tema de este libro. En este sentido, se recoge en estos dos capítulos uno de los rasgos con que más unánimemente se ha caracterizado a la poesía de Machado, la autenticidad, y se procede a una explicación del mismo desde un punto de vista formal.

1
Posicionamiento crítico. Acercamiento al problema de lo ético

POSICIONAMIENTO CRÍTICO

SE ADVIERTE HOY EN DÍA en la crítica, o quizás más bien, en la crítica de la crítica, una creciente sospecha de que, a pesar de sus logros indiscutibles, la crítica literaria de los ultimos sesenta años se ha estado perdiendo lo más importante de las obras que ha estudiado. El *New Criticism* supuso realmente una gran innovación al formular como uno de sus principios básicos el de la automomía de la obra de arte. Con este postulado nos liberaba en dos frentes fundamentales: en primer lugar, rompía con el "biografismo," que hacía depender la interpretación del texto de las intenciones significativas del autor; intenciones que el crítico suponía en base a su conocimiento de las peripecias vitales por las que había pasado el autor en cuestión. El texto no podía entenderse solo. Detrás de cada línea se buscaba la circunstacia vital en que fue escrita y desde aquí se desentrañaba lo que "realmente" el autor había querido decir. En segundo lugar, el principio de la autonomía de la obra de arte suponía una ruptura con la aplicación a la obra de los mismos parámetros con que medimos el mundo real. El mundo del arte es un mundo aparte y, como tal, necesita unos criterios de valoración distintos. Nos liberábamos así de una larga tradición crítica que asignaba a la literatura, y a las artes en general, una función educativa. Platón, a la cabeza de dicha tradición, optó por expulsar a los poetas de su República, por considerar que la mayoría de las veces la poesía presentaba casos que se alejaban notablemente, cuando no contradecían abiertamente, el modelo de moralidad por él elegido. Más adelante, la teoría aristotélica sobre las artes, aunque llegando a una postura contrapuesta a la de Platón, se desarrolla, sin embargo, dentro de las mismas premisas de éste. Tobin Siebers, en su libro *Ethics of Criticism* (1988), lo ha señalado ya exponiendo con claridad la ineludible semejanza de raíz que existe entre ambos filósofos. La diferencia entre Platón y Aristóteles, que califica de mínima, la explica como sigue:

> For Plato, literature served to promote a positive view of ethical behavior. For Aristotle it provides the "flow," the negative example upon which judgement and moderation are to be based [...] Classical theory is therefore defined as the discipline that systematically collects the guidelines by which literature either enforces or contradicts ethical laws with a view to strengthening moral philosophy's vision of itself.[1]

Para Platón la misión de la literatura era la de dar buenos ejemplos de comportamiento ético. Para Aristóteles la literatura proporciona la falta, el ejemplo negativo, sobre el que debe asentarse el juicio y la moderación. La teoría clásica se define, por lo tanto, como la disciplina que sistemáticamente reune los parámetros según los cuales la literatura aplica o contradice las leyes morales, con el objetivo de reforzar la visión que de sí misma tiene la filosofía moral.[2]

Esta teoría platónico-aristotélica se mantiene vigente con mayor o menor fuerza a lo largo de los siglos. El último florecimiento más esplendoroso de la misma es protagonizado por la generación romántica. El poeta es aquel ser extraordinario a medio camino entre la divinidad y los hombres. Es el que sabe ver más lejos que ninguno, el que penetra la última fibra de lo real. Shelley en su

---

[1] Tobins Siebers: *The Ethics of Criticism* (Ithaca: NY, Cornell University Press, 1988) 23.

[2] Las traducciones de las citas son mías.

Defence of Poetry (1821) acepta la antigua calificación del poeta como "legislador" o "profeta" porque, según él, el poeta

> not only beholds intensely the present as it is, and discovers the laws according to which present things should be ordered, but he beholds the future in the present, and his thoughts are the germs of the flower and the fruit of latest time.[3]

no sólo es capaz de contemplar el presente tal y como es, y descubrir las leyes por las que ese presente debería organizarse, sino que además es capaz de ver el futuro en el presente y sus pensamientos son la semilla de la flor y el fruto más fresco.

Aunque, como se verá más adelante, hay una diferencia fundamental entre la concepción romántica de la poesía y la concepción platónico-aristotélica, el punto de vista romántico sigue siendo todavía un intento de justificar la poesía desde dentro de unos valores morales establecidos.

Contra esta larga tradición de crítica que, sumisa a unos criterios de eticidad, reconoce como literario aquello que pueda caber dentro de los límites de la moralidad al uso, se levanta el *New Criticism* con su defensa de la autonomía del arte. La nueva crítica, con una fuerte vocación inmanentista, se separa de la ética y, en general, de todo aquello que al arte le venga de fuera cuando intenta la fundamentación y justificación del mismo.

Este substancial cambio de signo en la crítica ha sido interpretado por algunos como un aspecto más de la crisis por la que ha atravesado la ética en los últimos tiempos. Tobin Siebers, en el libro citado se refiere a ello en estos términos:

> The rebellion of criticism against ethics belongs to the struggle of ethics with itself. The ethical substance of moral philosofy has come to be an element of scandal and a source of crisis, and

---

[3] Pierce Bysshe Shelley, *Shelley's 'Defence of Poetry' and Blunden's lectures on 'Defence'*, 2ª. (Japón: Hokuseido, 1969) 22-23.

critical theory today shares this element of scandal with ethics.[4]

La rebelión de la crítica contra la ética es parte de la batalla de la ética consigo misma. La substancia ética de la filosofía moral se ha convertido en un elemento de escándalo y una fuente de crisis, y la teoría de la crítica comparte hoy con la ética este elemento de escándalo.

Sobre la crisis interna de la ética, ya en 1960 Mary Warnock nos ofrece una interesante perspectiva en su libro *Ethics since 1900*. Según esta estudiosa, la línea de evolución dominante tiende a dirigir su atención a la forma misma del juicio moral, desentendiéndose de cuestiones de contenido. Lo que interesa es el lenguaje de la Ética, el cómo se organiza su discurso. Lo que distingue el juicio moral de cualquier otro tipo de juicio, no va a ser el tipo de cualidad a la que se refieren, sino la lógica de las palabras que intervienen en su formulación. Refiriéndose a los filósofos ingleses dice Warnock que no hay quien mantenga una opinión moral. Eso se deja para los "moralistas," los que practican la moral, mientras que para ellos, "filósofos morales," su misión consiste en el análisis de la lógica del discurso moral. Estamos, podríamos decir, en la trastienda de la ética, a la que jamás, hasta este momento, se le había prestado atención. En este sentido, la contribución de estos filósofos es importantísima. El problema empieza, sin embargo, cuando el análisis se agota aquí, cuando se pierde de vista el carácter secundario de eso que se está estudiando y se olvida que su interés mayor radica, no en sí mismo, sino en lo que sirve para iluminar otros dominios.

Este vuelco sobre el lenguaje y vuelta de espaldas a los objetivos que tradicionalmente han venido informando a la Ética tiene, a nuestro parecer, una explicación doble. En primer lugar, el importante avance de la Ciencia, traducido, a su vez, en espectaculares adelantos técnicos, provocó en las Humanidades una urgencia por emular el rigor y objetividad científicas, cifrando en estas cualidades la condición sin la cual estas ciencias — las Humanidades — no

---

[4] Siebers 17.

tendrían derecho a denominarse como tales. Desde este punto de vista una ética de los valores se perfilaba como impracticable. En segundo lugar, y en consecuencia del reconocimiento del riesgo de subjetividad a que estaba sujeta una ética de tipo tradicional, se empezó a cuestionar, incluso, la eticidad de dicha ética. El juicio de valor se revela indemostrable científicamente, sujeto a una arbitrareidad de raíz, ya sea personal, social, cultural, etc. El pronunciarse sobre la bondad o maldad de algo es una decisión a tomar con todo el riesgo de equivocación que una decisión tiene, y que, en último término, puede estar siendo un acto de intolerancia.

Que la decisión entraña un riesgo de subjetividad y de equivocación es algo con lo que no es difícil estar de acuerdo. Lo que ya no parece tan claro, sin embargo, es que la solución del problema esté en dejar de tomar decisiones. Tobin Siebers se ha manifestado al respecto como sigue:

> If ethical theory has traditionally struggled to pass judgments and make decisions, the new ethical theory differs by suspending judgment and embracing all interpretations, however contradictory [...].[5] The modern view of ethics tends to translate freedom of choice into freedom from choice, as if suspending judgment places on the side of a higher morality and liberates one from the chains of social existence.[6]

> Si tradicionalmente la teoría de la ética ha luchado por sacar adelante juicios de valor y tomar decisiones, la nueva teoría de la ética se diferencia de aquélla por la suspensión del juicio y por dar cabida a todas las interpretaciones, aunque sean contradictorias entre sí [...] La visión moderna de la ética tiende a interpretar la libertad de elección como la no obligación de elegir, como si la suspensión del juicio lo colocara a uno en un nivel superior de moralidad y lo liberara de las cadenas de la existencia en sociedad.

---

[5] Siebers 35.
[6] Siebers 36.

Como señalábamos más arriba, es dentro de este contexto, el de la crisis de la ética, donde mejor pueden entenderse los planteamientos del *New Criticism*. Si en la Ética se advierte la dificultad de delimitar en qué consiste un comportamiento ético, en la crítica literaria se opta por la nada comprometedora solución del pluralismo lingüístico. Se destaca aquí la naturaleza fundamentalmente polisémica del signo lingüístico. Todas las interpretaciones son bienvenidas, esquivando siempre la difícil tesitura de declararse a favor o en contra, en nombre siempre de una supuesta generosidad intelectual. La única exigencia era, naturalmente, el rigor del análisis. Para asegurarlo la crítica moderna se empeñó en la construcción de un "marco teórico" desde el cual examinar la obra literaria. La teoría se coloca entre el estudioso y la obra estudiada protegiendo a ésta del personalismo de aquél en su interpretación. La teoría la imaginamos nosotros como unos guantes de goma que el crítico ha de ponerse para evitar a la obra el contacto directo con sus manos, que, sucias del mundo, podrían contaminarla. La única decisión del crítico queda fuera del estudio mismo, en la elección de una teoría u otra, lo cual, en último término, no tiene gran importancia. Aquí lo que verdaderamente importa es el rigor, la limpieza en la aplicación de la teoría a la obra. Encantados con lo científico del procedimiento, pocos se cuestionan la relevancia de los resultados obtenidos. Es más, podría decirse que renuncian de antemano a la relevancia, ya que la confrontación con semejante concepto sometería su trabajo a un juicio de valor del que a toda costa se quiere escapar. En semejante análisis llega a dar incluso la impresión, en ocasiones, de que la obra misma objeto de estudio importa poco. Sumisa, se limita a aguantar una disección que en ocasiones puede llegar a transgredir los principios fundamentales de su anatomía. Nos encontramos, a veces, con construcciones teóricas de tal complejidad que terminan ahogando bajo su peso la obra estudiada. Por otra parte, en virtud del principio de la autonomía del arte, la crítica evita cualquier conexión arte-vida que pudiera establecerse. El espacio entre estos dos puntos se hace insalvable, y es, entonces, cuando más agudamente empiezan a dejarse sentir las dudas acerca de la validez de esta crítica.

Si hay que reconocer el acierto de esta crítica por señalar la radical equivocación de aplicar al mundo del arte los mismos parámetros que nos sirven en el mundo real, lo que parece asímismo otra equivocación de semejante envergadura es el aislar al arte en una burbuja de cristal. Y el argumento con que aquí nos defendemos no puede ser más obvio: tanto el creador como el receptor operan desde el mundo real, desde su particular forma de vivirlo. Si prescindimos de ello, el arte no podría dejar de ser más que una trivialidad. Y lo mismo será una crítica que instalada en el mundo del arte haya perdido el camino de vuelta. En términos parecidos se expresa Siebers cuando dice:

> Literary criticism best evolves by installing itself in the space between literature and life not to hold them apart, but to bridge the gap.[7]

> El mejor desarrollo de la crítica literaria se da cuando ésta se sitúa en el espacio que existe entre la vida y la literatura, no para separarlas, sino para salvar la distancia que queda entre ellas.

Resumiendo nuestra posición al respecto, diremos que estamos por una crítica que respetando la peculiar naturaleza del arte pueda, sin embargo, abordar aquellas cuestiones que el arte mismo suscita, que no apelan sino, en última instancia, a una visión de mundo, a una forma particular de estar en él; a aquello que, en definitiva, "ensucia" al arte de humanidad. Al rigor y limpieza de la crítica moderna oponemos nosotros la "discutibilidad" como característica acreditadora de la crítica. Todo aquello que no pueda discutirse, que sea susceptible de demostración irrefutable, va a terminar por desinteresarnos. El precio que se paga por la objetividad es, pensamos, demasiado alto: nos obliga a quedarnos siempre a las puertas de lo que más nos importa. El miedo a tomar una decisión o a emitir un juicio de valor por el riesgo de subjetividad que entrañan ha privado a la crítica de toda relevancia y sentido. Siebers dice al respecto:

---

[7] Siebers 42.

The inability to make decisions marks literary studies as a soft discipline in an age that demands hard facts, and opinion increasingly gathers that the liberal arts have fallen behind the times ... The inescapable fact remains that criticism always makes decisions, if it is criticism, and therein lies the monstrous character for an age that views the instant of decision as madness [...].[8] As it stands modern criticism has lost its sense of purpose.[9]

La incapacidad de tomar decisiones ha hecho de los estudios literarios una discplina blanda en una época que exige hechos duros y concretos, y empieza a haber una opinión generalizada de que las humanidades se han quedado desfasadas... El hecho irreductible es que la crítica siempre ha tomado decisiones, si es que es crítica, y ahí se cifra el caracter mostruoso de una época que ve el momento de la decisión como algo descabellado [...] Tal y como están las cosas la crítica moderna ha perdido su razón de ser.

En el mismo sentido, en el libro anteriormente citado, se manifestaba Mary Warnock refiriéndose a la Ética, y abogaba por un cambio de signo en esta disciplina, plenamente consciente de las dificultades y gratificaciones de este cambio:

Moral philosophy will be much more difficult, perhaps much more embarrasing, to write than it has been recently, but it will be far more interesting to read.[10]

Va a ser mucho más difícill escibir filosofía moral de lo que ha sido recientemente, mucho más, quizá, ruborizante, pero va a ser, con gran diferencia, mucho más interesante leerla.

Se observa, pues, en los últimos tiempos, tanto en el dominio de

---

[8] Siebers 43.
[9] Siebers 41.
[10] Mary Warnock, *Ethics since 1900*, 3ª ed. (London: Oxford University Press, 1968) 147.

la Ética como en el de la Crítica literaria, un importante movimiento dirigido a la rehabilitación de la decisión en el discurso de dichas disciplinas. Esto no significa, de ningún modo, un inocente retorno a Platón. Si algo hay claro de nuestro ser en la Historia es que no nos es dado desandar el camino andado. Cuando hoy se recupera para la crítica el valor de la decisión, se hace con plena conciencia de los riesgos que entraña; con plena consciencia del enorme, revolucionario progreso que ha supuesto la denuncia por la crítica moderna del dogmatismo que entrañaba una crítica de corte platónico-aristotélico.

Al elegir como tema de este trabajo el "comportamiento ético de la poesía de Machado," nos situamos, pues, en el polo opuesto de la consideración del arte como un mundo aparte, y de una crítica que, instalada en ese mundo, destruye el camino de vuelta. Aceptamos el riesgo de la decisión, la discutibilidad de nuestros resultados; y, finalmente, abrigamos la pretensión de ser relevantes.

ACERCAMIENTO AL PROBLEMA DE LO ÉTICO

EL PLANTEAMIENTO ÉTICO EN MACHADO

Ya como objeto de una disciplina filosófica — la Ética—, ya como concepto que manejamos con familiaridad en nuestra realidad cotidiana, lo ético se resiste a una definición fácil. A la dificultad para una definición que la naturaleza misma del tema entraña hay que añadir en Machado el carácter de sus disquisiciones filosóficas, dentro de cuyo marco se insertaría la reflexión sobre lo ético. Comúnmente aceptada para Machado es la expresión de filósofo "sui generis"[11] — filósofo a su manera — para calificar sus incursiones en el terreno de la filosofía. Este "sui generis" filosófico de Machado lo definiríamos nosotros, en primer lugar, por oposición a lo que generalmente se entiende por filósofo "profesional." El filósofo

---

[11] A este propósito Eustaquio Barjau, por ejemplo, en el libro citado se expresa como sigue: "Llamar a Antonio Machado 'filósofo' es algo que no puede hacerse si no es colocando cuidadosamente esta palabra entre comillas, o, mejor aún, acompañando esta afirmación de toda una serie de precisiones y aclaraciones." (17).

profesional ordena su pensamiento de manera sistemática, tratando por todos los medios de no dejar nada fuera. Machado, por el contrario, no está interesado personalmente en la sujeción que requiere un pensamiento sistemático. Podría decirse que Machado ama demasiado la realidad como para forzarla a entrar en las estrecheces que caracterizan a todo sistema. Machado escapa del dogmatismo, de la explicación global que por querer explicarlo todo termina negando o desatendiendo importantes aspectos de la realidad que está tratando de entender.

Otro rasgo que caracteriza la peculiaridad filosófica de Machado es su desconfianza hacia la capacidad de la razón para dar cuenta cabal de los procesos reales. La lógica, soporte sobre el que se asienta el pensamiento racional, tiene para Machado el defecto de producirse en un vacío intemporal, siendo incapaz, por lo tanto, de hacerse cargo (con todas sus consecuencias) del tiempo que está pasando para la persona pensante en el momento mismo de la reflexión. Con una ambigua mezcla de seriedad e ironía, Machado anuncia a través de Abel Martín y Juan de Mairena el advenimiento de una nueva lógica: la lógica de un "pensar poético, heterogeneizante, inventor o descubridor de lo real."[12] En la lógica de estos dos filósofos poco importará la falta de congruencia entre las premisas y el resultado final de su razonamiento. Según explica Abel Martín, "en todo verdadero razonamiento no puede haber conclusiones que estén contenidas en las premisas."[13] En esta nueva lógica las conclusiones no son congruentes con la premisas porque, según continúa Mairena,

[las conclusiones] no son ya sus hijas, sino, por decirlo así, sus nietas. Dicho de otro modo: que en el momento de la conclusión ha caducado en parte el valor de la premisa, porque el tiempo no ha transcurrido en vano. Advirtamos además que en el fluir del pensamiento natural no es el intelecto puro quien discurre, sino el bloque psíquico en su totalidad, y las formas lógicas no son nunca pontones anclados en el río de Heráclito, sino ondas de su

---

12 *Juan de Mairena* 147.
13 "De un cancionero apócrifo," Macrí 680.

misma corriente."[14]

Al margen de la viabilidad y porvenir de semejante lógica, "de la cual — dice el propio Mairena — no sabemos lo que andando el tiempo puede salir,"[15] las objecciones de Machado a la lógica intemporal y homogeneizadora de la filosofía occidental son perfectamente legítimas. En cuanto a su desinterés, a la hora de producir su propio pensamiento, por lo sistemático, Machado está participando de una de las mejores lecciones que para el pensamiento ha traído consigo la modernidad. La cultura occidental, por la enorme importancia de la religión a lo largo de su historia, se afanaba en la creación de sistemas de pensamiento que, como el religioso, lo explicasen todo, siendo así la única forma válida de competir con la religión. En los últimos tiempos, tras la definitiva posición de los existencialistas con respecto al papel de Dios en este mundo, surge la posibilidad de un pensamiento filosófico que no tenga que ir cerrando con llave las puertas que va abriendo. Importantes figuras del pensamiento contemporáneo insisten en la provisionalidad que caracteriza a su trabajo. Se empieza a entender ahora que nada puede ser dicho de una vez por todas. La obra de Michael Foucault, por ejemplo, puede ser una magnífica muestra de este pensamiento moderno. Confiesa este filósofo la desconfianza acerca de sus propios logros: el convencimiento de ayer no está tan claro hoy.[16] Esto, sin embargo, no ha de ser visto como una flaqueza. Es precisamente esta honestidad intelectual el punto de partida para el progreso del pensamiento. Otro ejemplo de la aceptación de la provisionalidad como algo intrínseco al verdadero pensamiento puede ser el filósofo norteamericano Richard Rorty, con su calurosa definición de la Hermenéutica frente a la Epistemología. La Hermenéutica es entendida por Rorty como el ejercicio de la libertad de pensamiento que posibilita la creación de nuevos discursos. La Hermenéutica se encarga de aquellos tipos de discursos "no conocidos," es decir, que no encajan dentro del juego de reglas donde

---

[14] *Juan de Mairena* 210.
[15] *Juan de Mairena* 210.
[16] Michael Foucault, *Un diálogo sobre el poder*, 3ªed. (Madrid: Alianza Editorial, 1985) 105.

opera la Epistemología. La Hermenéutica es, en palabras de Rorty:

The attempt to make sense of what is going on at the stage where we are still unsure about it to describe it and thereby to begin an epistemological account of it.[17]

El intento de entender lo que está ocurriendo cuando todavía no estamos seguros de lo que es como para describirlo, ni para empezar un informe epistemológico de ello.

El producto de semejantes discursos puede ser "anything from nonsense to intellectual revolution" (cualquier cosa, desde un sinsentido a una revolución intelectual).[18] Es la de la Hermenéutica una tarea inagotable, ya que en la base de su ejercicio se encuentra siempre el re-pensamiento de lo que ya se sabe, de cada discurso incorporado a la Epistemología con el fin de no cerrar las puertas a los que vengan después.

La forma de pensar machadiana, de acuerdo con lo expuesto hasta aquí, sintoniza con lo más genuino del pensamiento de nuestros días. Machado se adelanta considerablemente a su época. Con la perspectiva que da el paso del tiempo, nadie discute hoy la distancia que lo separa de tantos de sus contemporáneos. Entre ellos significativo es el caso de Miguel de Unamuno, una de las figuras más importantes del momento histórico que compartieron, pero que hoy, sin embargo, difícilmente podemos decir que nos acompañe. Ese "sui generis" con que se ha caracterizado la actividad filosófica de Machado revela, en efecto, lo novedoso de su forma de pensar, dada la imposibilidad de clasificarlo dentro de alguna categoría conocida.

Por último, para terminar con la caracterización del modo de filosofar de Machado que nos ocupa en estas líneas, queremos traer a consideración su condición de artista. Su dedicación a la poesía, la forma más depurada del arte literario, determina una cierta forma de

---

[17] Richard Rorty, *Philosophy and the mirror of Nature*. (Princeton: Princeton University Press, 1980) 35.

[18] Rorty 37.

enfrentarse a la realidad: la intuición. Y aunque en sus últimos años su obra en prosa desplace a la poesía, esto no significa que haya abandonado su vocación de poeta. Todo lo contrario: la prosa en Machado es esa reflexión necesaria para que el poeta cobre consciencia de su propio trabajo y de sí mismo, de su posición en el mundo. Esta prosa de Machado no es sistemática, no tiene un ritmo propio, sino que va siguiendo el itinerario dejado por la poesía, deteniéndose en cada intuición y tratando de explicarse racionalmente qué es lo que hay detrás de cada una de ellas. La poesía machadiana, dice Pedro Cerezo Galán, es una poesía filosófica en el sentido de que se constituye como una búsqueda de la palabra esencial, de la palabra que descubra, que desvele el misterio de la realidad, que sea capaz de penetrarla:

> Canto y meditación. ¿Cómo expresar mejor la doble luz del verso de Machado? La admiración del poeta canta de asombro y medita sobrecogida a orillas del misterio — el hombre, el mundo, Dios o la nada en su trasfondo.[19]

La prosa, por su parte, sostenemos nosotros, es una prosa poética, en el sentido de que no renuncia jamás a la realidad, de que no la pierde en abstracciones que terminan traicionándola. Como la poesía, sabe que jamás va a terminar de una vez por todas de aprehenderla, que la realidad puede hacernos un quiebro en la primera esquina. Es así que su prosa se organiza en pequeños fragmentos con vida propia que saltan, sin acabarlo definitivamente, de un tema a otro , y que vuelven sobre lo mismo para sorprendernos con que ya se está hablando de otra cosa. Poeta filósofo y filósofo poeta parece ser una importante parte de la clave del *sui generis* filosófico de Machado. Él mismo, reflexionando sobre esta situación, dice en cierta ocasión:

> Hay hombres, decía mi maestro, que van de la poética a la filosofía; otros que van de la filosofía a la poética. Lo inevitable

---

[19] Pedro Cerezo Galán, *Palabra en el tiempo: poesía y filosofía en Antonio Machado* (Madrid: Gredos, 1975) 33.

es ir de lo uno a lo otro, en esto, como en todo.[20]

Entrando ahora en el tema de lo ético, hay que señalar que el tratamiento de este tema en Machado, como parte que es de su actividad reflexiva en general, participa de estas características que hemos destacado para su modo de filosofar. Con la misma asistematicidad y flexibilidad de su pensamiento, así es cómo se formula o, quizás fuera más exacto decir, cómo no se formula la ética machadiana. Machado apenas utiliza la palabra "ética," y cuando lo hace es sin dar ninguna explicación de la misma, sin una definición previa. Sólo una vez hablará de la ética como disciplina, y en este caso será precisamente para decir que no quiere entrar en este discurso. Dice, utilizando la palabra latina — "moral"— para "ética":

Habréis reparado — sigue hablando Mairena a sus alumnos — en que casi nunca os hablo de moral ... , y es que la moral no es mi fuerte. Y no porque sea yo un hombre más allá del bien y del mal ... sino precisamente por todo lo contrario: por no haber salido ni aun en sueños de ese laberinto de lo bueno y lo malo.[21]

En efecto, Machado no desarrolla nunca una teoría sobre la ética, ni intenta jamás una definición de lo bueno. Esto no significa, sin embargo, una indecisión por su parte a la hora de conducirse en el mundo, de tomar una decisión ante cada caso concreto. John Rachjman, cuando describe el trabajo de Foucault, dice algo de él que literalmente podría aplicarse al caso de Machado:

[Foucault] was the opposite of those who find it natural to talk ethics but difficult to take sides. He was someone who supported many struggles and yet found it next to impossible to speak the language of morality.[22]

---

[20] *Juan de Mairena* 137.
[21] *Juan de Mairena* 161.
[22] El artículo de Rachjman sobre Foucault se encuentra en la revista *Theory,* Culture and Society. Dicha revista está ahora fuera de nuestro alcance y no podemos completar la referencia.

Foucault era lo contrario de aquellos que se encuentran en su elemento hablando sobre ética pero a los que les resulta difícil tomar partido. Él fue una persona que apoyó numerosas contiendas y a quien, sin embargo, le resultaba casi imposible teorizar sobre la ética.

Por su parte, Alan S. Trueblood describe así el caso de Machado:

Whatever the inner doubts raised by his ruminations they did not inhibit his acting nor disminish his capacity for moral hegemony.[23]

Cualesquiera que fueran las dudas y especulaciones de su fuero interior, éstas jamás le inhibieron a la hora de actuar ni disminuyeron su capacidad de hegemonía moral.

Casos como el de Machado o Foucault son contemplados en algunos estudios filosóficos como lo que denominan estado prefilosófico de la ética. José Luis Aranguren, por ejemplo, en su libro titulado *Ética*, en la discusión preliminar sobre el tema, se ocupa de los diferentes puntos de vista desde donde éste puede ser abordado, encontrándose entre ellos esta dimensión prefilosófica de que estamos hablando.[24] Según es explicado por Aranguren, el hombre antes de abrazar un sistema ético posee unas convicciones morales, una actitud ética ante la vida. La experiencia moral, defiende este autor, es anterior a la fundamentación filosófica de lo ético.

Desde la consideración de esta dimensión prefilosófica de la ética es desde donde mejor se puede calibrar el hecho de la importante distancia que por lo general existe entre la experiencia moral y los tratados de ética. Aquellos encargados o preocupados por la educación moral son los que quizá han sentido más agudamente esta distancia. Ilustrativo es el caso de Edmund L. Pincoffs, quien en su

---

[23] Alan S. Trueblood, introducción, *Antonio Machado. Selected Poems* (Cambridge, Massachusetts and London, England: Harvard University Press, 1982) 45.

[24] José Luis Aranguren, *Ética* (Madrid: Revista de Occidente, 1979) 33-37.

libro *Quandaries and Virtues* (1986) va a dedicar los tres primeros capítulos a la crítica de la falta de adecuación de los sistemas éticos a las situaciones concretas, a su inutilidad e, incluso, a su capacidad desorientadora. Y esto es, según Pincoffs, porque estos sistemas son, por naturaleza reductivos. Tienen un poder restrictivo sobre el pensamiento al proponer un orden jerárquico en torno al cual se han de organizar las consideraciones morales. Pero si es cierto, en efecto, que en la mayoría de los casos los tratados de ética difícilmente nos afectan o nos mueven a actuar en un determinado modo, esto no supone una valoración negativa de tales tratados, sino más bien una clarificación sobre qué es lo que no se debe esperar de ellos.

Volviendo a Machado, decíamos que éste jamás va a hablar de ética con mayúscula. Lo que encontramos en su obra, especialmente en la prosa, son posiciones, valoraciones personales ante hechos concretos; explícitas reflexiones sobre diferentes modos de ser. Nos movemos en el dominio de la moral vivida, no de la teoría sobre la moral.

EL JUICIO MORAL

Es el terreno de la experiencia moral, un terreno por el que todos pisamos, sin necesidad de ser especialistas, ya que es la experiencia moral una parte inexcusable en la definición de lo constitutivamente humano. Nuestro estar en el mundo es un constante elegir, una toma de postura ante todo lo que nos pasa por delante. Es lo que llama Aranguren la "moral como estructura."[25] Dice este filósofo que en la conducta humana, a diferencia de la animal, no hay una relación unívoca entre estímulo y respuesta. Al animal le viene dado un "ajustamiento" del acto a la situación. El hombre, por el contrario, tiene que hacérselo: el hombre ha de justificar cada uno de sus actos. En el mismo sentido, pero más dramáticamente se expresa Kierkegaard, para quien el acto de elegir es propiamente la expresión de lo ético. Es un acto de afirmación del propio ser: aquellos que no eligen, que dejan que los demás lo hagan por ellos se han perdido a sí mismos.[26] No es tanto, pues, el contenido de la

---

[25] Aranguren 63-76.

[26] Soren Kierkegaard, "Equilibrium between the Aesthetical and the

elección, sino el hecho mismo de poder, o de tener, que elegir lo que dota al hombre, en principio, de una dimensión ética. Un segundo sentido de lo ético es el que se refiere a la sustancia misma de la elección: la "moral como contenido," siguiendo la explicación de Aranguren. En esta categoría se entra de lleno en la valoración del término elegido. Se dice de ciertas decisiones que son éticas y de otras que no lo son. Éste es, por lo general, el sentido operante de la palabra ética. La moral como estructura es un descubrimiento teórico importante, pero que en realidad no tiene gran valor en sí mismo; su importancia le viene de constituirse como soporte sobre el que se monta necesariamenta el otro constitutivo humano: el de preocuparse por lo que se elige — la moral como contenido. La moral como estructura está demandando, pues, en todo momento un contenido con el que llenarse, respecto al cual no somos en absoluto indiferentes.

En este segundo sentido de "moral como contenido," la definición sobre cuál sea la sustancia misma de lo ético no se presta a una formulación fácil. Ethel Albert, Theodore C. Denise, and Sheldon P. Peterfreund, por ejemplo, en su libro *Great Traditions in Ethics* (1953), a la hora de dar una definición sobre qué sea la ética, renuncian de antemano a semejante labor justificando su postura como sigue:

The more specific our statement of what ethical theory is, the more we find ourselves committed to a particular ethical theory.[27]

Cuanto más específicos seamos al definir en qué consiste la teoría de la ética, más nos comprometemos con una determinada teoría.

En esta explicación se cifra certeramente la naturaleza del problema. En efecto, a poco que nos declaremos sobre el tema ya

---

Ethical in the Composition of Personality," *A Kierkegaard Anthology* (Princeton: Princeton University Press, 1974) 87-95.

[27] Ethel Albert,Theodore C. Denise, and Sheldon P. Peterfreund, *Great Traditions in Ethics*, 2ª ed. (Belmont, CA: Wadsworth, 1988) 6.

estamos inmersos en una corriente filosófica u otra. Si, por ejemplo, lo ético se define como aquello que responde a la preocupación del hombre sobre cuál sea el mejor tipo de acción a tomar, nos situamos inmediatamente en una teoría ética basada en la acción, cuyo énfasis estará en determinar qué tipo de acciones son buenas o no. Por otro lado, si lo ético se define como la preocupación por qué tipo de persona ser, nos encontramos en la linea de una ética basada en la virtud, cuyo énfasis estará en determinar qué tipo de carácter es bueno. En estas dos definiciones propuestas hemos utilizado el concepto de lo bueno — "el mejor tipo de acción," "qué tipo de carácter es bueno." Si se intentase ahora una definición de lo bueno, nos encontraríamos de nuevo en la misma situación: a poco que nos posicionemos sobre el tema nos encontramos en el seno de una determinada teoría ética u otra. La definición en este caso se nos presenta, más que nada, como una limitación. Albert, Denise, y Peterfreund, en el libro citado, optan por dejar el problema "sin resolver" para un mejor entendimiento del mismo:

> In regard to the definition of ethics, as for the many other unresolved problems of the ethical theory, the best appreciation of the meaning and importance of the problem comes from an examination of the various solutions which have been attempted.[28]

> En cuanto a la definición de la ética, al igual que con muchos otros problemas sin resolver de la teoría de la ética, la mejor apreciación del significado y la importancia del problema parte de un examen de las distintas soluciones que se ha intentado.

Lo más curioso de todo esto, sin embargo, es que, a pesar de la falta de acuerdo en la definición de lo ético, operamos con el concepto sin problemas. Todos sabemos a qué nos referimos cuando decimos de un comportamiento o de una forma de ser que es ético o que no lo es. La definición no es relevante para clarificar de qué se está hablando en estos casos donde hay un entendimiento efectivo

---

[28] Albert, Denise, and Peterfreund 6-7.

de lo definido. A este respecto es de señalar la comodidad con que se mueven algunos profesionales de la ética en el seno de un lenguaje que, desde un punto de vista estrictamente objetivo, es a todas luces impreciso, pero que, sin embargo, de hecho funciona. Jonathan Bennett, por ejemplo, en su artículo titulado "Conscience of Huckleberry Finn" advierte a los lectores:

> All that I can mean by a "bad morality" is a morality whose principles I deeply disapprove of. When I call a morality bad I cannot prove that mine is better; but when I here call any morality bad, I think you will agree with me that it is bad; and that is all I need.[29]

> Todo lo que quiero decir con una "mala moral" es una moral con cuyos principios estoy en pleno desacuerdo. Cuando hablo de una mala moral no puedo demostrar que la mía es mejor; pero cuando aquí digo de cierta moral que es mala, pienso que estaréis de acuerdo conmigo en que es mala; y eso es todo lo que necesito.

Lo que este texto ejemplifica es una tendencia frecuente cuando se habla de ética a esquivar la definición por confiar en la existencia de unas intuiciones morales que todos compartimos. La filosofía moral es descrita por este mismo autor como el esfuerzo de sistematizar y explicar "our most common convictions about good and evil" (nuestras convicciones más básicas sobre lo que es bueno o malo).[30]

Dejando a un lado las posiciones extremas del relativismo moral, la existencia de unos universales morales es algo comunmente aceptado. Lo curioso del caso, sin embargo, está en que cuando descendemos a situaciones concretas de la vida real, no son pocas las veces en que tenemos dificultad a la hora de decidir si una acción es ética o no; o, simplemente, de llegar a un acuerdo con los otros en

---

[29] Jonathan Bennett, "Conscience of Huckleberry Finn," Christina Hoff Sommers, Vice and Virtue in Everyday Life (Orlando, FL: Harcourt Brace Jovanovich, 1985) 22.

[30] Bennett 22.

la valoración que hacemos de la misma. La problematicidad de la ética como contenido, que se anunciaba ya en la mencionada dificultad para la definición, se continúa aquí sin que tampoco sea dado el hallazgo de la solución definitiva.

Ahondando sobre este problema podemos preguntarnos qué tipo de conocimiento es el conocimiento moral. A este respecto Thomas F. Green en su libro *The Activities of Teaching* (1971) formula una interesante propuesta.[31] Establece este pensador una clara distinción entre los procesos mentales de "conjeturar," "juzgar" y "saber" ("guessing," "judging" and "knowing"). Para Green los juicios proponen algo como verdad pero sin contar con una base lo suficientemente firme que asegure de forma irrevocable que lo que se dice sea cierto. Si éste fuera el caso, si contásemos con unas evidencias decisivas, entonces no habría ninguna necesidad de juzgar, ya sabemos. Por el contrario, cuando no hay nada o muy poco en lo que apoyarnos nos sentimos incapacitados para emitir un juicio. Podemos ofrecer una respuesta a lo que se nos pregunta pero sabemos que el riesgo de equivocarnos es muy alto, porque no tenemos ninguna o muy pocas razones por las que hemos elegido esa respuesta. Es una conjetura, casi un juego de azar. Se puede pensar, entonces, dice Green, en estos tres conceptos — conjeturar, juzgar, saber — como distribuidos en un continuo, donde cada uno de ellos representa un diferente grado de certeza. Green lo representa gráficamente como sigue:[32]

Saber y conjeturar marcan los extremos frente a los cuales se

---

[31] Thomas F. Green, *The Activities of Teaching* (New York: McGraw-Hill, 1971) 173-192.
[32] Green 176.

perfila la naturaleza misma del juicio.

Volviendo ahora a nuestra pregunta sobre la naturaleza del conocimiento moral parece que sería más apropiado hablar, entonces, de juicio moral. En efecto, cuando tomamos una decisión sobre nuestra propia conducta o cuando evaluamos la conducta de los otros raramente lo hacemos con un conocimiento capaz de prever todas las consecuencias del hecho valorado. Rara vez tenemos el suficiente conocimiento para saber con toda certeza qué es lo correcto. Hay un momento en nuestro juicio que depende absolutamente de nosotros, un paso dado que no se puede explicar. Pero esto no significa de ningun modo caer de lleno en el subjetivismo. El juicio en general, y el moral en particular, es objetivo en la medida en que está basado en unos datos concretos, en unos principios, en unas reglas que todos compartimos. La insuficiencia de datos es lo que permite la entrada de un subjetivismo interpretativo, el cual se manifiesta en la existencia de diferentes juicios respecto al mismo tema. Pero es un subjetivismo muy controlado por el hecho de que tiene que compartir un mismo espacio con la objetividad de los datos. No hay, pues, en las consideraciones morales una certeza objetivable que se pueda seguir a través de un proceso lógico. Pero hay una certeza de otro tipo, "vivencial," podríamos llamarla — volveremos más tarde sobre este término. Es el momento ese del juicio donde se produce el salto, a falta de evidencia.

EL VALOR DEL ARTE EN LA CREACIÓN DE LA CONSCIENCIA MORAL

Llegados a este punto podemos empezar a plantearnos otro tipo de problemas. Hay veces en que tenemos un sentido claro de lo que está bien o mal; veces en que tenemos verdadera dificultad en discernir entre lo bueno y lo malo; veces en que hemos creído sinceramente que nuestra posición es correcta y en determinado momento empezamos a reconsiderar y llegamos a reconocer que no teníamos razón; veces en que sabemos que lo que estamos haciendo está mal, pero no podemos, a pesar de que queremos, portarnos mejor, y sufrimos por ello. Todo esto significa que al hombre le viene dada una disposición para la moralidad, pero que el ser moral en sus diferentes grados de excelencia es algo que se adquiere, con lo cual queda abierto, cuando hablamos de ética, un capítulo importante para el tema de la educación moral. Respecto a este tema se pueden señalar dos problemas fundamentales. Por una parte, cómo se aprehende la virtud, esto es, cómo llegamos al entendimiento, — y si esto no es posible, dada la definición de juicio moral — a la convicción de que una determinada acción es buena; por otra parte, cómo se aprende a ser virtuoso. Problemas de diferente naturaleza, pero que no dejan de estar relacionados, aunque no tanto como postula el intelectualismo moral socrático-platónico.

No es nuestra intención adentrarnos en las diferentes propuestas sobre estos temas que los preocupados por la educación moral desarrollan. Solamente, y aquí retomamos a Machado y su obra literaria, queremos hacer una contribución a ese capítulo de la educación moral. Dicha contribución consiste en señalar la importancia del arte en la formación de la conciencia moral. No estamos siendo novedosos. Esto es algo que siempre se ha visto con más o menos claridad a lo largo de la historia. La tesis central, por ejemplo, de Schiller en su libro *La educación estética del hombre* (1793) es que la actitud estética presupone un estado de indeterminación y libertad, material y espiritual, y que hay que pasar irremediablemente por este estado en el camino de un comportamiento ético y específicamente humano. Dice este autor en el libro citado:

> Lo único que consigue la cultura estética es poner al hombre, por naturaleza, en situación de hacer por sí mismo lo que quiera, devolviéndole por completo la libertad de ser lo que quiera.[33]

Schiller se mueve en el terreno de la moral como estructura, según la terminología que utilizábamos más arriba. Pero hay quien espera aun más del arte. Véamos las palabras de Shelley en su *Defence of poetry* (1821):

> Ethical science arranges the elements which poetry has created, and propouns schemes and propouns examples of civic and domestic life [...] But poetry acts in another and diviner manner.

---

[33] Friederich Schiller, *La educación estética del hombre* (Madrid: Austral, 1956) 75.

It awakens and enlarges the mind itself by rendering it to the receptacle of a thousand unapprehended combinations of thought. Poetry lifts the veil from the hidden beauty of the world, and makes familiar objects be as if they were not familiar.[34]

La ciencia de la ética organiza los elementos que ha creado la poesía y propone esquemas y propone ejemplos de vida cívica y doméstica [...] Pero la poesía actúa de otra manera, que es divina. Despierta y engrandece la mente misma al hacerla receptáculo de mil insospechadas combinaciones del pensamiento. La poesía levanta el velo de la belleza oculta del mundo, y hace que los objetos más familiares parezcan algo distinto.

La poesía es , para Shelley, pionera, va abriendo caminos al pensamiento, nuevas formas de mirar la realidad. Señalábamos unas páginas más arriba[35] que Shelley podría considerarse dentro de la tradición platónico-aristotélica en su entendimiento de la literatura. La moral y el arte, tanto para Shelley como para Platón deben ir por el mismo camino. Hay, sin embargo, una importante diferencia entre ellos. Si para Platón el arte debe encajar obediente dentro de los preceptos morales de la época, para Shelley, por el contrario, el arte es valioso precisamente por lo que se desvía de ese camino canonizado en búsqueda continua de nuevos derroteros por donde conducir la aspiración a una conciencia moral más elevada. A diferencia de Platón, el arte tiene para Shelley un papel activo en la creación de una conciencia moral. El arte va por delante de la moralidad al uso, abriéndole camino.

Es en este contexto donde queremos situar nuestro estudio. Cuando decimos en el título, "comportamiento ético de la poesía machadiana," no queremos ver si esta poesía, entendida como comportamiento, encaja dentro de un esquema moral que ya tenemos formado. Lo que queremos decir es que cuando leemos la

---

[34] Percy Bysshe Shelley, *Shelley's 'Defence of Poetry' and Blunden's Lectures on "Defence"* (Folcroftt, Pa: Folcroft Press, 1969) 31-32.

[35] página 17.

poesía de Machado descubrimos una forma ética de ser; el lector aprende a mirar la realidad de otra manera, su horizonte moral se engrandece. Se trataría en nuestro trabajo de estudiar el hecho de que la poesía machadiana afecta éticamente al lector, de que esta poesía nos hace mejores, contribuye, sin proponérselo, a nuestra educacion moral. En este mismo sentido se expresa Simón Guadalajara cuando se refiere a la caracterización ética de este poesía:

Es una poesía que asume una actitud ética porque es pensada para ser desnuda, abierta al diálogo de todos los caminantes que van a la conquista de su ethos.[36]

Ahora bien, podemos preguntarnos, por qué un poema es mucho más efectivo que una disquisición perfectamente razonada que tratase sobre lo mismo; por qué el convencimiento dado por el poema al lector es mucho más profundo, mucho más vital que el convencimiento dado por un discurso sobre el mismo tema. Shelley, otra vez, puede ayudarnos a formular la respuesta. Dice este autor:

A man, to be greatly good must imagine intensely and comprehensively; he must put himself in the place of another and of many others; the pains and pleasures of his species must become his own. The great instrument of moral good is the imagination; and poetry administers to the effect by acting upon the cause.[37]

Un hombre para ser bueno con excelencia debe tener una gran capacidad de imaginación, debe ponerse en el lugar del otro y de muchos otros; y los dolores y placeres de sus congéneres deben convertirse en los suyos propios; el gran instrumento del bien es la imaginación; y la poesía consigue ese efecto al acuar sobre la causa.

La verdad descubierta a través del poema se hace carne de

---

[36] Simón Guadalajara, *El compromiso en Antonio Machado (a la ética por la estética)* (Madrid, 1984) 106.
[37] Shelley 32.

nuestra propia carne porque el poema nos hace vivir en cierta forma la situación que presenta. El sentimiento del poeta no es en principio algo con lo que estemos de acuerdo o no, sino que es algo que nos vemos irremediablemente compartiendo. Señalábamos más arriba[38] la certeza de tipo vivencial del juicio moral. El poema conecta al autor y al lector a través de este tipo de certeza. De ahí la importancia de la distinción que señalábamos en las páginas introductorias entre "comportamiento ético" y "preocupaciones éticas" en la obra de arte y la importancia que lo primero tendrá para nosotros en este estudio. El efecto del poema sobre el lector no viene de estar de acuerdo con él — que es lo único que podría pasar si en él se formulasen preocupaciones éticas — sino de vivenciar la experiencia de que trata.

Decíamos que no es nada nuevo reconocer la importancia del arte en la formación de una conciencia moral. Sin embargo, no son muchos los estudios detenidos sobre este aspecto al tratar de una determinada obra. Aquí radica, creemos, la importancia del nuestro. Es detenerse en algo que, por reconocido, nunca recibe mucho más que una mera mención. Pensamos que el explorar sobre este tema a través del estudio de una realización artística concreta puede suscitar interesantes problemas y abrir nuevas perspectivas tanto en el campo de la formación de la consciencia moral como en el de las relaciones obra de arte-lector. En cuanto a la pertinencia de orientar el estudio de la obra machadiana en esta dirección, releguemos en las palabras de Juan López Morillas:

> "A la ética por la estética," proclama Juan de Mairena, heterónimo preferido de Machado. Con este aforismo acentúa el profesor apócrifo la vertiente humana de toda creación artística y subraya el caracter adjetivo del arte [...] Nada nuevo, en verdad, hay en esta noción [...] Pero así y todo, a ese aforismo hay que volver una y otra vez para dar con la raíz de la poesía machadiana.[39]

---

[38] 35.
[39] Juan López Morillas, "Antonio Machado: ética y poesía," *Insula* 13.256 (1968): 1 y 12.

2
Ejemplo de lo ético como comportamiento en tres poemas de Machado

ANÁLISIS DE "EL VIAJERO," "LLANTO DE LAS VIRTUDES Y COPLAS POR LA MUERTE DE DON GUIDO" Y "¿POR QUÉ, DECÍSME, HACIA LOS ALTOS LLANOS..."

EN ESTE CAPÍTULO ENTRAMOS ya en el estudio del "corpus" poético machadiano. Empezamos aquí por el análisis individualizado de tres diferentes poemas. Cada poema es en sí mismo un microcosmos y, como tal, pensamos que puede ser altamente ilustrativo, a la escala que le corresponda, del funcionamiento de la obra poética en que está incluído. Visto de esta forma, el análisis de estos tres poemas es el primer reto al que se enfrenta nuestro trabajo. Lo que se demuestre a este nivel se proyecta más allá de los límites de cada poema y contribuye al afianzamiento de futuras consideraciones de orden más general en torno a la obra poética de Machado. Hablamos de reto, además, porque el enfrentamiento con cada texto individual es un tú a tú inescapable, un, casi diríamos, "tour de force" para revelar o, mejor, des-velar aquello que el poema, dejándolo entrever, se niega, sin embargo, a pronunciar.

Hemos elegido para el análisis tres poemas muy diferentes entre sí con el propósito de abarcar un espectro poético lo más amplio posible. Nuestro estudio se centrará exclusivamente en aquellos aspectos, tanto formales como de contenido, que están en relación con el tema que nos ocupa.

EL VIAJERO[1]

Está en la sala familiar, sombría,
y entre nosotros, el querido hermano,
que en el sueño infantil de un claro día
vimos partir hacia un país lejano.

Hoy tiene ya las sienes plateadas,
un gris mechón sobre la angosta frente;
y la fría inquietud de sus miradas
revela un alma casi toda ausente.

Deshójanse las hojas otoñales
del parque mustio y viejo.
La tarde, tras los húmedos cristales,
se pinta, y en el fondo del espejo.

El rostro del hermano se ilumina
suavemente. ¿Floridos desengaños
dorados por la tarde que declina?
¿Ansias de vida nueva en nuevos años?

¿Lamentará la juventud perdida?
Lejos quedó — la pobre loba — muerta.
¿La blanca juventud, nunca vivida,
teme que ha de cantar ante su puerta?

¿Sonríe al sol de oro de
la tierra de un sueño no encontrada;
y ve su nave hender el mar sonoro,
de viento y luz la blanca vela hinchada?

Él ha visto las hojas otoñales,
amarillas, rodar, las olorosas

---

[1] *Soledades*, I.

ramas del eucalipto, los rosales
que enseñan otra vez sus blancas rosas....

Y este dolor que añora o desconfía
el temblor de una lágrima reprime,
y un resto de viril hipocresía
en el semblante pálido se imprime.

Serio retrato en la pared clarea
todavía. Nosotros divagamos.
En la tristeza del hogar golpea
el tictac del reloj. Todos callamos.

El motivo inicial del poema es la vuelta del viajero, con todo lo que un regreso tiene de fracaso. Pero tan importante como el viajero que vuelve es en este poema la familia que lo recibe, ese "nosotros" — entre quienes se encuentra el autor — que no rehuye en ningún momento la situación que se le presenta y que es capaz de sentir por ella.

Este doble protagonismo del poema se refleja claramente en la estructura del mismo. Por una parte están las estrofas centrales (4-8), que se dedican sin ninguna interferencia al tema del viajero: la vuelta es, ante todo, un desengaño; un aceptar que no se ha encontrado esa "tierra de un sueño," cuya esperanza hizo de la partida, de la separación un momento feliz — el poeta lo recuerda como "un claro día"; y desde esta decepción, el tiempo transcurrido puede valorarse facilmente como tiempo perdido. Queda, sin embargo, la valentía del esfuerzo, que ilumina suavemente el desengaño; y, tal vez, una esperanza aún no rendida. Por otra parte, las tres primeras estrofas y la última se refieren al grupo familiar que recibe al viajero. La tristeza de la reunión se anuncia ya desde el primer verso en esa sala familiar "sombría" que los reune a todos. La segunda estrofa aparentemente trata del viajero, pero realmente no trata sino de cómo la familia lo ve: el pelo blanco, que les hace darse cuenta del tiempo transcurrido; y la mirada inquieta, sin atreverse a descansar en la de ellos, que les revela que aunque el hermano ha vuelto no lo han recuperado. La descripción de la naturaleza, de esa tarde de otoño, en la tercera estrofa, termina siendo la descripción del aire de la sala, de esa luz sombría que se nos adelantó en el primer verso. Hay que saltar por encima de las estrofas centrales, ya comentadas, para retomar de nuevo en la última estrofa el hilo del sentimiento familiar. Lo que en las tres primeras estrofas se había dejado solamente entrever se dice ahora abiertamente. El poeta va cobrando a lo largo del poema plena conciencia de su propio sentimiento. Cuando llega al final sabe contener su emoción ante el descubrimiento y nos lo revela sin el menor aspaviento. La vuelta del viajero, contra todo lo que se esperaba en aquel "claro día" de la partida, les ha dejado ensimismados en una honda tristeza.

El poema, pues, goza de una doble dimensión: no es sólo la problemática del viajero; es, además, cómo esta problemática es vivida por los otros. Y es aquí precisamente, en esta doble dimensión del poema, donde pensamos que se puede hablar de comportamiento ético. El autor, representado en este caso por la familia, es solidario con el viajero. No se limita a contar su caso desde la posición de un observador imparcial, sino que irremediablemente se ve involucrado, sintiendo con él. A la tristeza del viajero acompaña la tristeza del grupo familiar. No puede haber alegría en la casa porque se siente el fracaso del que ha regresado. Pensamos que otra composición con el mismo tema, pero sin el trasfondo de este sentimiento, no podría considerarse ética, aun cuando el asunto fuera tratado en toda su complejidad. En el poema que comentamos el poeta establece una comunicación cordial con el sujeto del que se ocupa. Hay un sentimiento de "simpatía," en el sentido etimológico del término, por parte del autor hacia el viajero.

El propio Machado nos advertirá en más de una ocasión sobre la importancia para la poesía de este sentir con los otros. Plenamente ilustrativos a este respecto son los siguientes versos suyos:

> Poned atención:
> un corazón solitario
> no es un corazón.[2]

---

[2] *Nuevas canciones*, LXVI en CLXI: "Provervios y cantares"

Versos epigramáticos en los que se cifra, pensamos, una de las claves de la poética de Machado. Jorge Meneses, uno de sus poetas inventados, inventor, a su vez, de la curiosa "maquina de trovar," se hace eco de estos versos cuando habla de lo que considera el callejón sin salida al que ha llegado la lírica de su tiempo — el del simbolismo, aclara Machado en un paréntesis:

La poesía lírica se engendra siempre en la zona central de nuestra psique, que es la del sentimiento; no hay lírica que no sea sentimental. Pero el sentimiento ha de tener tanto de individual como de genérico, porque aunque no existe un corazón en general, que sienta por todos, sino que cada hombre lleva el suyo y siente con él, todo sentimiento se orienta hacia valores universales, o que pretenden serlo. Cuando el sentimiento acorta su radio y no trasciende del yo aislado, acotado, vedado al prójimo, acaba por empobrecerse y, al fin, canta de falsete. Tal es el sentimiento burgués que a mí me parece fracasado; tal es el fin de la sentimentalidad romántica. En suma, no hay sentimiento verdadero sin simpatía, el mero "pathos" no ejerce función cordial alguna, ni tampoco estética. Un corazón solitario — ha dicho no sé quién, acaso Pero Grullo — no es un corazón; porque nadie siente si no es capaz de sentir con otro, con otros...[3]

Volviendo a "El viajero" hay que destacar, entonces, la sólida fundamentación en Machado de esa "simpatía" que se asoma a los versos de dicho poema. Es, pensamos, esta actitud del autor hacia el tema que trata un factor determinante en la configuración del rasgo de eticidad que defendemos para el poema.

---

[3] "De un cancionero apócrifo," Macrí 709-910.

LLANTO DE LAS VIRTUDES Y
COPLAS POR LA MUERTE DE DON GUIDO[4]

Al fin, una pulmonía
mató a don Guido, y están
las campanas todo el día
doblando por él: ¡din-dán!

Murió don Guido, un señor
de mozo muy jaranero,
muy galán y algo torero;
de viejo gran rezador.

Dicen que tuvo un serrallo
este señor de Sevilla;
que era diestro
en manejar el caballo,
y un maestro
en refrescar manzanilla.

Cuando mermó su riqueza,
era su monomanía
pensar que pensar debía
en asentar la cabeza.

Y asentóla
de una manera española,
que fue casarse con una
doncella de gran fortuna;
y repintar sus blasones,
hablar de las tradiciones
de su casa,
a escándalos y amoríos
poner tasa,
sordina a sus desvaríos.

---

[4] *Campos de Castilla* CXXXIII.

Gran pagano,
se hizo hermano
de una santa cofradía;
el Jueves Santo salía,
llevando un cirio en la mano
— ¡aquel trueno! —
vestido de nazareno.

Hoy nos dice la campana
que han de llevarse mañana
al buen don Guido, muy serio,
camino del cementerio.

Buen don Guido, ya eres ido
y para siempre jamás...
Alguien dirá: ¿Qué dejaste?
Yo pregunto: ¿Qué llevaste
al mundo donde hoy estás?

¿Tu amor a lo alamares
y a las sedas y a los oros,
y a la sangre de los toros
y al humo de los altares?

Buen don Guido y equipaje,
¡buen viaje!...

El acá
y el allá,
caballero,
se ve en tu rostro marchito,
lo infinito:
cero, cero.

¡Oh las enjutas mejillas,
amarillas,
y los párpados de cera,

> y la fina calavera
> en la almohada del lecho!
>
> ¡Oh fin de una aristocracia!
> La barba canosa y lacia
> sobre el pecho;
> metido en tosco sayal,
> las yertas manos en cruz,
> ¡tan formal!
> el caballero andaluz.

El poema presenta un problema de ética social: la figura del caballero andaluz. Estamos en el nivel del contenido facilmente objetivable: a la pregunta de qué se dice en el poema, se puede responder que el poeta hace una crítica de una clase social, la aristocracia, a través de uno de sus miembros, don Guido, con motivo de su muerte. El poema, por su contenido, se inscribe dentro de un tipo de literatura a través de cuya temática el autor expresa sus preocupaciones éticas. Como ya hemos declarado anteriormente, no es éste el aspecto de lo ético que ahora nos interesa. El objeto de nuestro estudio se va a centrar en el tono del poema, en la forma misma en que se hace la crítica.

Entrando ya en materia hay que decir que la crítica en este poema es demoledora, que no se le perdona nada al caballero andaluz; no obstante, también hay que señalar que no hay rencor en ella, no hay resentimiento o, simplemente, el humor agriado que generalmente acompaña a la condena de algo. Diríamos que pese a la dureza con que el caballero es tratado, hay un cierto compadreo, una relación de tú a tú entre éste y el poeta, con lo cual queda siempre abierta la posibilidad de un diálogo entre ambos. La crítica de Machado no es un tiro de gracia para rematar al caballero. Por el contrario, parece que en ella no se renuncia todavía a recuperar el ser humano cuya posición social se condena. Vayamos al texto y veamos cómo esto se produce.

Pueden distinguirse en este poema tres voces discursivas diferentes: la de la tradición literaria, la del autor, y la de don Guido y la clase social a la que pertenece. La de la tradición se manifiesta abiertamente en el título, que nos remite, por una parte, a las famosas coplas manriqueñas, y por otra, al género de los "plantos" elegíacos medievales; se manifiesta también, de forma más sutil, pero aún facilmente reconocible, en el "din-dán" de la campana que nos recuerda al poema burlesco de Góngora que empieza: "Don Diego no tiene don, din-dan-don ..."; asímismo, en las preguntas retóricas que nos ponen de nuevo en relación con el " ¿dó se fueron?" de las elegías medievales; y, por último, en el uso de versos de tres o cuatro sílabas entre los octosílabos que dominan la composición, creando un efecto cortante que nos vuelve a recordar a las coplas manriqueñas con sus estrofas de pie quebrado.

La voz de don Guido y la del autor dominan cada una de ellas en partes diferentes del poema. La voz de don Guido o de la clase social a la que pertenece se localiza en las estrofas 2-6. Después de la primera, en la que se dice de la situación motivo del poema, estas estrofas son una descripción del caballero o, como reza el título, el llanto de sus virtudes. Decimos que ésta es la voz de don Guido porque seguramente el caballero no tendría mucho reparo en aceptar la imagen que de sí mismo están dando estos versos. Porque podemos imaginarlo presumiendo de su destreza con el caballo o de la distinción en su forma de servir el vino. Porque el consabido y convenido cinismo de su clase aplaudiría una evolución sentimental y espiritual como la suya.

La voz del autor aparece en la primera estrofa y se retoma en la octava conduciendo el poema casi hasta el final. En la primera estrofa se pone de manifiesto el poco respeto y la poca pena que la figura y muerte de don Guido, respectivamente, inspiran al autor. Esto se expresa abiertamente a través del "Al fin," que abre el poema, y de esas campanas juguetonas que más que llorar el acontecimiento, parece que lo celebran. El din-dán de las campanas, además, es una evocación, como decíamos más arriba, del poema gongorino, cuyo tema es la cuestión de un inmerecido don. La estrofa tiene un efecto que se extiende hacia atrás y hacia delante de ella misma. Por una parte, el sentido paródico que sospechábamos, por su anacronismo, en el título, no ofrece ahora la menor duda. Por otra, y reforzada por la parodia del título, que ahora está absoluta-mente clara, la primera estrofa carga de ironía las estrofas siguientes (2-6), donde supuestamente se dicen las virtudes del caballero. Ironía que estalla y se descubre en la última de estas estrofas en un verso entre paréntesis — "¡aquel trueno!" (v.34) — que corresponde a la voz del poeta; el paréntesis funciona aquí como un aparte, dándole oportunidad al poeta de posicionarse frente a la voz que ha tomado prestada para la descripción del caballero.

Desde aquí el tránsito hacia la octava estrofa, donde de nuevo tenemos abiertamente la voz del poeta, no se hace muy difícil. Ahora vienen las preguntas, el plantearse cuál haya sido el valor de las preocupaciones del caballero en esta vida, lo cual termina siendo una valoración total del paso del caballero por este mundo. La interrogación está todavía en el aire cuando llegamos a ese "cero, cero" (v.56), que, de una forma oblicua, ya que, en principio, aparece con otro propósito, llena el espacio dejado para una respuesta. Una parodia del adiós final al difunto encuentra su expresión en el irrespetuoso "¡buen viaje!" del verso 50. El poema se cierra con una última mirada al caballero, que se traduce en una descripción del aspecto que presenta. Don Guido, difunto, pese a lo difícil de la situación, sabe guardar la compostura. La irónica exclamación del autor, referida a la formalidad o seriedad del caballero (v.67) nos descubre esta dimensión teatral del último acto de presencia entre nosotros de don Guido. Muy sutilmente en estas dos estrofas que contienen la descripción se vuelve a producir un cambio de voz que culmina en la exclamación mencionada. La voz de la aristocracia se revela inconfundible en esa pretensión de formalidad que el poeta no puede de ningún modo tomarse en serio. Hacia ella converge , en efecto, todo el cuidado tomado en la preparación del difunto que se trasluce de la aparentemente objetiva descripción.

Del concurso de estas tres voces diferentes en el poema — la de la tradición, la del poeta y la de don Guido — queremos señalar la relevancia, para el tema que nos ocupa, de la presencia de la voz del caballero. Machado entra en el discurso del otro y lo desenmascara. Esto es, utiliza para su crítica los mismos argumentos que el otro tiene para su defensa. Esto implica, de alguna manera, una posición de escucha por parte del autor. Un intento de incorporar al otro en el propio discurso más que de negarlo. Es, de hecho, este argumento común que uno utiliza para justificarse y que el otro desenmascara un mínimo de entendimiento y, por tanto, una posibilidad de diálogo. Por otra parte, al meterse en el discurso del otro, al tratar de entender sus razones resulta muy difícil odiarlo. El don Guido que presenta Machado aparece inofensivo, y más aún, como el único engañado por su propia mentira. Porque, ¿quién se cree a estas alturas la autenticidad de su conversión? ¿Quién acepta bajo el rótulo de "asentar la cabeza" la definición que propone el caballero? Seguramente sólo él mismo en el afán de crearse una buena conciencia que le proteja, en primer lugar, de sí mismo. El "buen" con que el poeta se refiere y se dirige a don Guido se aprovecha irónicamente de la tergiversación de valores que éste practica. Si no hay quien se crea ya la farsa que representa don Guido, la desenmascaración de su discurso, entonces, está dirigida a él fundamentalmente. La crítica machadiana, de esta forma, ofrece al caballero la posibilidad de deshacerse de su propia mentira y , todavía, de recuperarse a sí mismo. La muerte de don Guido no es más que una metáfora para referirse a la desaparición en la época del autor — si no real siempre, al menos sí siempre como "desideratum" machadiano — de una clase social: la aristocracia. La figura de don Guido no parece que represente a nadie de carne y hueso sino que es más bien el arquetipo de la clase social a la que pertenece. El fin de una clase social no ocurre por la desaparición física de cada uno de sus miembros sino por la incorporación de éstos a un nuevo cuadro de valores. Y ésta es la posibilidad que está creando la crítica machadiana. Crítica que sabe ser, resumiendo todo lo dicho, intransigente y comprensiva al mismo tiempo; que no pretende deshacerse del contrario, sino recuperarlo, y esto a través de la irrenunciable siempre en Machado posibilidad de un diálogo.

¿ Por qué, decísme, hacia los altos llanos
huye mi corazón de esta ribera,
y en tierra labradora y marinera
suspiro por los yermos castellanos?

Nadie elige su amor. Llevóme un día
mi destino a los grises calvijares
donde ahuyenta al caer la nieve fría
las sombras de los muertos encinares.

De aquel trozo de España, alto y roquero,

hoy traigo a ti, Guadalquivir florido,
una mata del áspero romero.

Mi corazón está donde ha nacido,
no a la vida, al amor, cerca del Duero...
¡El muro blanco y el ciprés erguido![5]

Antes de empezar con el comentario de este poema será conveniente recordar algunos datos de la biografía de su autor. Machado nace en Sevilla en 1873. Diez años después toda la familia se traslada a Madrid. Aquí vive Machado todavía cuando en 1907 se presenta con éxito a unas oposiciones a cátedra de francés. Machado elige la vacante de Soria. En Soria conoce a Leonor Izquierdo, con quien se casará en Julio de 1909. Leonor empieza a sentir los primeros síntomas de una hemoptisis en julio de 1911. Muere en agosto de 1912. Machado se vuelve a Madrid y solicita el traslado de Soria. Se le concede un nuevo destino en Baeza, Jaén, y allí toma posesión de su cargo el uno de noviembre de ese mismo año. En Baeza permanecerá siete años.

Volviendo al poema, nos encontramos ahora ante un poema de corte amoroso. El poeta nos habla en él de su propio sentimiento: sentimiento de la ausencia de la amada. Formalmente, el poema se constituye como una confesión: es la respuesta a una pregunta que un interlocutor, presente en el texto, ha formulado: "[Vosotros] me decís [que] por qué mi corazón huye hacia los altos llanos y [estando] en tierra labradora y marinera suspiro por los yermos castellanos." En esta pregunta se presentan dos espacios geográficos contrapuestos y, a la vez, la posición tanto física como afectiva del autor frente a ellos: la "ribera" y la "tierra labradora y marinera" se oponen a los "altos llanos" y "yermos castellanos"; y el corazón del poeta, que se encuentra en el primer espacio, anhela por estar en el segundo. La contraposición entre estos dos espacios se amplifica a lo largo del poema: a la llamada de un río, el Guadalquivir, se convoca al segundo, el Duero; al aroma dulzón, suavidad y color de las flores que ocupan las orillas del Guadalquivir se contrapone la discreción

---

[5] *Nuevas Canciones* II en [XV] en CLXIV.

— a nivel cromático — y la aspereza — al tacto y al aroma — del romero. Rompiendo la simetría el poeta se demora en el paisaje de su predilección: los "grises calvijares," la "nieve fría," los "muertos encinares" y lo "alto y roquero (de aquel trozo de España)." Hay que esperar hasta el último terceto para llegar a la respuesta que quedó pendiente de la pregunta inicial. Y otra vez aquí se repite, aunque de forma más compleja, el recurso de la contraposición. En primer lugar, el verbo nacer se desdobla en dos: "nacer a la vida," que es la acepción más usual del término; y "nacer al amor," que es con lo que nos sorprende el poeta. En segundo lugar, la contraposición vuelve a centrarse sobre los dos espacios geográficos: cerca del Duero el poeta ha nacido al amor; a las orillas del Guadalquivir a la vida. Esto último no está expresado ni, estrictamente hablando, tampoco se puede deducir de lo dicho en el texto, pero es algo que está operando en la lectura del que esté mínimamente familiarizado con la figura de Antonio Machado. Y, por último, la contraposición se produce de una forma aún más sutil. El verso final — "¡El muro blanco y el ciprés erguido!" — se formula como una aposición al "cerca del Duero" del verso anterior. Imagen final en el poema, es imagen final, última para el poeta. La tierra del Duero termina siendo, por encima de todo, la imagen sola del cementerio. La amada, Leonor, está muerta. El poeta canta el nacimiento de su corazón al amor desde un presente en el que el amor ha muerto, en el que la ausencia de la amada es definitiva.

El poema es, en cierta medida, un poco formal, tiene un algo de ejercicio de escuela. Hay varios elementos que contribuyen a dar esta impresión: la estrofa elegida, el soneto, forma clásica en la tradición poética culta; la pregunta retórica del primer cuarteto; y los recursos de amplificación y contraposición, éste último tan abundantemente usado, como ya hemos visto. No obstante, llegamos al terceto final y el poema nos llega a conmover profundamente. La contraposición, que más arriba se puede llegar a sentir como artificio poético, aquí, por el contrario, se justifica desde lo más hondo del contenido. El corazón del poeta está donde nació al amor ... y lo dice cuando el amor está muerto, porque la amada falta irremediablemente. Desde la simplicidad de esta contraposición desnuda, rudimentaria, se llega a expresar con una enorme intensidad la problemática sentimental del poeta.

Acercándonos ahora al tema de este libro podemos preguntarnos cuál sea la transcendencia ética del poema. Para la respuesta quisiéramos detenernos en la naturaleza de este sentimiento que se revela en el último terceto. Machado presenta con el mismo cuidado, con el mismo mimo dos acontecimientos de signo totalmente contrario: el de su felicidad — su nacimiento al amor — y el de su desgracia — la muerte de la esposa. El poeta no elude nada. Con la misma serenidad, con la misma hombría sabe vivir el momento que le toca, próspero o adverso. Hay un profundo respeto y fidelidad hacia uno mismo en el hecho de no abandonarse, de no perderse, ya sea en los brazos de la felicidad, ya sea en los de la tristeza. El poeta canta desde el presente lleno de ausencia en que le ha dejado la muerte de Leonor. El poeta no se escapa a su tristeza. Como una herida que hay que atender hasta que cicatrice, así el poeta incorpora a la existencia del hoy amorosamente el dolor del pasado. Tiene Machado un poema de juventud, de corte muy diferente, donde se encuentra formulado explícitamente el soporte ético que subyace al poema que estamos comentando. De él extraemos los siguientes versos:

> Que el mismo albo lino
> que te vista, sea
> tu traje de duelo,
> tu traje de fiesta.
> Ama tu alegría
> y ama tu tristeza,
> si buscas caminos
> en flor en la tierra.[6]

Es el filósofo, ahora, en traje de poeta, el que se asoma a estos versos. Se nos ofrece en ellos un imperativo de acción, una máxima de comportamiento. En el poema de nuestro comentario esta máxima no llega jamás a formularse, sino que se hace carne en el sentimiento del poeta, que lo es total, sin dejar al filósofo que se interfiera.

------

[6] *Soledades* XXXIV.

3
Aceptación del espacio

EN ESTE CAPÍTULO Y EN el que sigue se procede ya al análisis de la obra poética machadiana en su conjunto. Se ha tratado en ellos de encontrar el nervio central de la sensibilidad machadiana — siempre en relación con el tema que nos ocupa — que en sus múltiples ramificaciones alienta la mejor parte de sus versos. Las respuestas que a este respecto se ofrecen en cada uno de estos dos capítulos — cap. 3: "Aceptación del espacio"; cap. 4: "Aceptación del otro" — no son en realidad muy diferentes entre sí. El "espacio" y el "otro" no son sino dos manifestaciones de un mismo acontecimiento: el de la exterioridad en que de modo inevitable se encuentra sumergido el ser. El espacio se presenta como la más inmediata; el otro aparece a nuestra vista a poco que levantemos la mirada.

El espacio que se contempla en los versos machadianos es de dos tipos fundamentalmente: espacio natural o, dicho en una forma que nos es más familiar, "la naturaleza," espacio éste en donde no se registran huellas de los hombres; y espacio urbano, ahora sí "humano," en tanto que el hombre ha participado en la configuración de la fisonomía de este espacio. En virtud de esta segunda modalidad la distancia entre el tema del espacio y el tema del otro se acorta sustancialmente, compartiendo ambos una zona de intersección que suaviza la transición de uno a otro.

Para el estudio del tratamiento en Machado del espacio natural empecemos viendo un poema al que ya nos hemos acercado anteriormente: "¡Por qué, decisme, hacia los altos llanos..." En este poema se presentan, como señalábamos más arrriba, dos espacios geográficos distintos: el castellano surcado por el Duero, y el andaluz por el Guadalquivir. El poeta expresa su predilección por el primero, ya explícitamente, ya en la mayor atención que a éste le dedica. Lo curioso es, sin embargo, que los elementos que componen este paisaje no son ciertamente positivos: "altos (connota dificultad) llanos (carencia de adorno, de distracción)," "yermos," "grises calvijares," "nieve fría," "sombras de los muertos encinares," "alto y roquero," y "áspero romero." Pero aun así el poeta ama profundamente este paisaje porque, como él explica, fue cerca del Duero donde él "nació al amor." Puesto en estos términos no parece que haya nada de extraordinario en la actitud de Machado. Uno de los rasgos más extendidos, tanto en la vida como en la literatura de los "perfectos" enamorados es que el enamorado ame todo lo que de alguna forma esté relacionado con la persona amada. Lo interesante en el poema que comentamos, a diferencia de lo que ocurre con esta situación tópica, es que Machado no necesita idealizar lo amado; lo acepta tal y como es, y así lo ama, sin tener que transformarlo. En el poema se presentan dos espacios naturales distintos. La tierra aquí no está vista en términos de belleza o fealdad, conceptos que, estrictamente hablando, son inaplicables a la Naturaleza; sino en términos de tierra para la vida, de tierra que se labra. A la blandura y exuberancia del Guadalquivir se contrapone la aridez de este Duero "alto y roquero." Lo que nos importa señalar aquí es que es precisamente desde la plena consciencia del aspecto negativo, más que desde su eliminación o disimulación, que el poeta siente un profundo afecto hacia esta tierra.

El paisaje castellano aparece a menudo en Machado retratado en el marco de esta compleja situación sentimental. La crítica no ha dejado de reparar en ello. Interesante a este respecto es el estudio de Gregorio Salvador sobre el poema "Orillas del Duero."[1] El poema es el siguiente:

> Se ha asomado una cigüeña a lo alto del campanario.
> Girando en torno a la torre y al caserón solitario,
> ya las golondrinas chillan. Pasaron del blanco invierno
> de nevascas y ventiscas los crudos soplos de infierno.
> Es una tibia mañana.

---

[1] Gregorio Salvador, " 'Orillas del Duero', de Antonio Machado," Varios autores, *El comentario de textos* (Madrid: Castalia, 1973) 271-84.

El sol calienta un poquito la pobre tierra soriana.

Pasados los verdes pinos,
casi azules, primavera
se ve brotar en los finos
chopos de la carretera
y del río. El Duero corre, terso y mudo, mansamente.
El campo parece, más que joven, adolescente.

Entre las hierbas alguna flor ha nacido,
azul o blanca. ¡Belleza del campo apenas florido,
y mística primavera!

¡Chopos del camino blanco, álamos de la ribera,
espuma de la montaña
ante la azul lejanía,
sol del día, claro día!
¡Hermosa tierra de España![2]

Gregorio Salvador empieza en su estudio preguntándose cómo es posible que la tópica exclamación del final, que en otros contextos, en el mejor de los casos, nos suele dejar indiferentes, se convierta aquí en "poderoso epifonema capaz de desencadenar en el lector una innegable emoción estética."[3] Señala este crítico para el adjetivo "hermoso," en la forma en que está usado, el significado connotativo de "abundante," "exuberante." Pero lo curioso es que el poema aparentemente no ofrece nada que apunte en este sentido. Dice Salvador:

... lo que leemos es todo lo contrario a eso. Una cigüeña, un campanario, un solitario caserón. La mañana es "tibia," la tierra "pobre" y el sol solamente calienta "un poquito." Ha llegado la primavera, pero sólo ofrece alguna humilde flor. Un rosario de parvedades, que pueden justificar "la belleza del campo apenas

2 *Soledades* IX.
3 Salvador 274.

florido," pero no, desde luego, el "hermosa" del verso final.[4]

Rechazando la idea de que esta afirmación contradictoria del último verso sea simplemente un desplante patriotero, Salvador, en una interesante relectura del poema, destaca el valor de los adjetivos "blanco" y "azul," repetidos cada uno de ellos tres veces a lo largo del poema, y la presencia insustituible del adjetivo "claro" del penúltimo verso, que funciona como gozne que une de una forma esencial el último verso con el resto del poema. Explica Salvador:

En *claro* convergen y se funden todos los blancos y los azules, todas las claridades derramadas en el poema, y lo superlativizan, lo potencian, lo elevan a una alta cima significativa: *claro día* = "clarísimo día." Probablemente nunca habrá querido decir tanto ese adjetivo en castellano y pocas veces, creo, nos será dado encontrar un superlativo estilístico tan bien y tan ocultamente conseguido. Con la particularidad de traspasar su intensidad expresiva al que lo sigue en el discurso, al que en cierto modo anticipa por serle en ese sintagma, *claro día*, estrictamente sinónimo: *hermosa* adquiere así honda significación. En un poema de tantas parvedades, nos preguntábamos al principio, ¿qué abundancia le puede dar sentido al inquietante *hermosa* del final? La abundancia de claridad, nos dice ahora el análisis. ¡"Hermosa tierra de España!." La entusiástica y manida exclamación, tan malgastada, vuelve a ser eficaz y concluyente: hermosa por clara. Ahí está la razón — lógica, podríamos decir — de su aceptabilidad. Lo que podría ser un publicitario *slogan* turístico es también la última explicación de un bello entramado lírico.[5]

El análisis de Salvador demuestra de forma fehaciente la justificación desde dentro del poema del inesperado último verso; y es en virtud de esta justificación que este crítico se explica la emoción en que el lector queda sumergido al final del poema. A

---

[4] Salvador 275.
[5] Salvador 280.

nuestro juicio, este análisis pone de manifiesto, en efecto, la falta de gratuidad en Machado de esa exclamación final, la hondura del sentimiento del poeta. Y si esto es, sin duda, importante para que el lector se sienta emocionado, no pensamos, sin embargo, que esto lo sea todo. Importa, además, la calidad de ese sentimiento.

Contando y avanzando sobre los resultados de Salvador, retornemos ahora a la consideración del poema en su totalidad. La visión de conjunto nos devuelve a primer plano la figura de ese "rosario de parvedades" de que se constituye fundamentalmente el poema y gracias a las que nos coge por sorpresa el verso final. La contradicción que presenta el poema se neutraliza en el análisis de Salvador por un ensanchamiento desproporcionadoo de una parte del poema. Que el verso final está profundamente motivado en Machado es verdad, y es importantísimo, como reconocíamos más arriba. Pero que la contradicción existe no es menos cierto ni menos importante. En la sincera aceptación de este espacio a pesar de todas sus carencias es donde encontramos nosotros la clave emocional del poema. Es esta actitud del poeta, constituída en la dificultad de la contradicción, lo que realmente nos conmueve, lo que nos deja lleno de asombro el corazón.

Sigamos con el estudio del tratamiento del espacio en Machado pasando al tema anteriormente anunciado del espacio urbano. Para ello hemos elegido el poema número VI bajo el título "Campos de Soria," CXIII en el libro *Campos de Castilla*:

> ¡Soria fría, Soria pura,
> cabeza de Extremadura,
> con su castillo guerrero
> arruinado, sobre el Duero;
> con sus murallas roídas
> y sus casas denegridas!
>
> ¡Muerta ciudad de señores,
> soldados o cazadores;
> de portales con escudos
> de cien linajes hidalgos,
> y de famélicos galgos,
> de galgos flacos y agudos

que pululan
por las sórdidas callejas
y a la media noche ululan
cuando graznan las cornejas!

¡Soria fría! La campana
de la Audiencia da la una.
Soria, ciudad castellana,
¡tan bella! bajo la luna.

La descripción de la ciudad es desoladora: ante nuestros ojos aparece la miseria de un presente que concilia el sueño — es la una de la madrugada — sobre los despojos de un pasado glorioso. Los elementos negativos se suceden uno tras otro en una letanía interminable: el castillo guerrero "arruinado"; las murallas "roídas"; la ciudad, que fue de señores, soldados y cazadores, "muerta"; los galgos, predilectos de otro tiempo en esas casas de portales con escudos, vagabundeando sin dueño, paseando la triste figura de su delgadez extrema; desmintiendo, en último término, la nobleza que se asoma a la piedra de los mencionados escudos; las cornejas, ave con frecuencia de malos presagios en la tradición española, cuyo graznido vale aquí por la presencia de otra hambre insatisfecha; las casas "denegridas"; las "sórdidas" callejas; y, por último, ese frío como única manta en que se arropa la escena.

La descripción de la ciudad es de una maestría incuestionable, pero lo extrordinario de poema no radica aquí todavía. Lo extraordinario se produce cuando en los dos últimos versos el poeta, a pesar de todo lo que ha visto, es capaz de encontrar la ciudad incomparablemente bella bajo la luz de la luna. Sin negar nada de su fealdad, sino, por el contrario, contando valerosamente con ella, el poeta es capaz de querer a esta ciudad y, de este modo, de redimirla. Para la ciudad, a su vez, el poema no deja de ser un duro trago, pero al mismo tiempo, por su sinceridad insobornable, constituye el más sólido punto de partida para el avanzar de la ciudad sobre sí misma. El poeta, lejos de engañarla con lisonjas, la obliga a mirarse en sus rincones más oscuros, a no ocultarse nada; a, por doloroso que éste sea, el autorreconocimiento.

Tenemos que decir, entonces, resumiendo todo lo visto hasta

aquí, que en la mirada machadiana hay un enorme respeto o, si se quiere, lealtad, hacia la cosa observada — en el sentido de no desvirtuarla en la percepción — y al mismo tiempo, se da en la actitud machadiana, una decidida voluntad de comprensión.

Se ha señalado repetidamente que un rasgo común de los escritores de la generación del 98 es su especial atracción por el paisaje castellano. Todos ellos, nacidos en diferentes puntos de la periferia española, rompen con el regionalismo literario de la época que les precede. Preocupados, cada uno a su manera, por el problema de España, vuelven sus ojos hacia Castilla, centro geográfico y político de país, protagonista indiscutible de la historia de España recorrida hasta aquel momento. Creemos que puede ser valioso para la justa valoración de la actitud machadiana hacia el espacio que Castilla ofrece, el compararla con la de sus compañeros de generación.

Seleccionaremos aquí algunos pasajes de las obras de Miguel de Unamuno, Azorín y Pío Baroja, escritores éstos de inexcusable mención cuando se habla del grupo generacional del 98, siendo los dos primeros — Unamuno y Azorín — de especial relieve para el tema que nos ocupa por la importancia que reviste en su obra su atención por el paisaje castellano. La selección ha de ser necesariamente breve: uno o dos textos de cada autor. Podrá argüirse, en este caso, que tan escasa muestra no es muy significativa de lo que representa la obra de cada uno de los escritores comparados. Reconociendo la seriedad de esta objección responderemos, sin embargo, que la selección ha sido cuidadosamente hecha, eligiéndose unos textos en los que se resumen características claves del trabajo de estos autores; en otras palabras, son textos muy "típicos" de los autores citados, hasta el punto de que si fueran presentados sin el nombre de su autor, éste podría, de hecho, reconocerse sin dificultad.

Empecemos por Unamuno, por un conocido poema suyo: el que en sus *Poesías* (1907) abre la sección dedicada a Castilla. Poema conocido no sólo para el lector español, sino también para el lector holandés, francés, inglés e italiano en sus lenguas repectivas, según anota Manuel Alvar.[6] El poema es el siguiente:

> Tú me levantas, tierra de Castilla,
> en la rugosa palma de tu mano
> al cielo que te enciende y te refresca,
> al cielo, tu amo.
>
> Tierra nervuda, enjuta, despejada,
> madre de corazones y de brazos,
> toma el presente en ti viejos colores
> del noble antaño.
>
> Con la pradera cóncava del cielo
> lindan en torno tus desnudos campos
> tiene en ti cuna el sol y en ti sepulcro
> y en ti santuario.
>
> Es todo cima tu extensión redonda
> y en ti me siento al cielo levantado
> aire de cumbre es el que se respira
> aquí, en tus páramos.
>
> ¡ Ara gigante, tierra castellana,
> a ese tu aire soltaré mis cantos,
> si te son dignos bajarán al mundo
> desde lo alto!

En este poema Unamuno expresa el sentimiento que experimenta cuando se halla en la tierra castellana y ofrece, a la vez, una descripción de ésta; descripción que está en función explicativa o justificatoria de ese sentimiento. Ante el paisaje castellano el poeta se siente elevado, ascendido. Sujeta la descripción del paisaje a este punto de partida, el margen de opciones para la descripción queda ya notablemente limitado. Como inmediato, casi necesario se perfila,

---

6 Miguel de Unamuno, *Poesías*, edición, prólogo y notas de Manuel Alvar (Barcelona: Labor, 1975) 73.

entonces, el rasgo de espiritualidad para este paisaje. La metáfora cielo-amo apunta abiertamente en este sentido. Las implicaciones de esta figura no son difíciles de ver: según la religión cristiana, marco de referencia que nunca abandona a Unamuno, el cielo es donde está Dios; y Dios es signo máximo de espiritualidad para una mentalidad religiosa. Al considerar al cielo amo, la tierra pasa a ser automaticamente su criada; su identidad es, así, definida en términos de esta servidumbre al cielo, lo cual garantiza su espiritualidad. Con el mismo propósito se ensayan otras metáforas en los versos siguientes: la meseta castellana es vista como "santuario" (v.12) y como "ara gigante" (v.17).

Lo que más nos interesa señalar de este juego metafórico del poema es la arbitrariedad que lo caracteriza. No hay un vínculo interno entre la metáfora y su referente. Es el poeta quien impone este vínculo desde su interés particular en justificar el sentimiento que experimenta al contemplar el paisaje. Su percepción del mismo no es libre, sino que está dirigida a un cierto propósito. El poeta ve en el paisaje lo que quiere ver, en vez de lo que hay.

El Unamuno poeta, pues, necesita idealizar para cantar; y esto hasta el punto de ponerse en contradicción con algunos de los hallazgos anteriores que iluminaron su prosa. Si, en el libro *En torno al casticismo* (1895), por ejemplo, Unamuno denuncia el anquilosamiento histórico de una Castilla que vive del pasado, en este poema, sin embargo, el presente estancado de Castilla, lejos de problematizarse, aparece como digno heredero de la nobleza pasada, según rezan los versos 7 y 8: "toma el presente en ti viejos colores / del noble antaño."

Asomándonos ahora a la prosa unamuniana, encontramos títulos dedicados a la descripción de diferentes espacios de la geografía española: *Paisajes del alma*(1892-1936), *Por tierras de Portugal y España*(1911) o *Andanzas y visiones españolas*(1922). Unamuno se interesa aquí por lo pintoresco, por el legado artístico de cada pueblo o ciudad y, en general, por todo aquello que pudiera ser de alguna curiosidad. Representativos de esta actitud son los dos fragmentos que a continuación transcribimos:

Medina de Rioseco, ciudad castellana, abierta, labradora, en los antiguos Campos Góticos, en la tierra llana, asentada y sedimentada, donde aún habrá, siquiera en los arrabales, alguna de esas "glorias" sobre que se baraja el tute en la veladas de invierno... Y en Medina de Rioseco, cuatro grandes y grandiosos templos, como cuatro naves ancladas en la paramera, y el mayor, la espléndida iglesia de Santa María con su altiva torre barroca — lo de barroco nos dice barrueco o berrueco, y es berroqueño — que avizora la ciudad toda.[7]

Una ciudad desde el centro de la cual se puede llegar a pie en cosa de un cuarto de hora al camino libre. Ésta es la que responde a mis más íntimas necesidades espirituales.
Aquí, en Palencia, empezaron los estudios que, trasladados después a Salamanca, de las orillas del Carrión a las del Tormes, llegaron a ser la universidad más célebre, en su tiempo, de España, la de los teólogos o canonistas.[8]

Es ésta una prosa pretendidamente objetiva, que describe todo aquello que se presenta a la vista del viajero Unamuno. Viajero que va con el ánimo positivo de complacerse en todo lo que ve, de descubrir sistemáticamente la belleza de los lugares por donde pasa. La metáfora o la imagen puramente ornamental está siempre ahí, incansable, lista para la próxima escena. Castilla, en lo que le toca de estas descripciones, se nos aparece, otra vez, a la medida de las necesidades del escritor. Castilla ha quedado reducida en la visión unamuniana al interés artístico-histórico de sus monumentos y a un paisaje poetizado.
Pasemos ahora a estudiar el caso de Azorín. Presentamos aquí dos fragmentos de su prosa inconfundible. Prosa, como se ha dicho a menudo, impecable, minuciosa, de una acusada sensualidad:

Aranjuez, en otoño, tiene un encanto que no tiene (o que tiene de otro modo) en los días claros y espléndidos de la primavera. Las largas avenidas, desiertas, muestran su fronda amarillenta,

---

[7] *Andanzas y visiones españolas, Obras Completas*, 12 vols.(Barcelona: Vergara, 1958) vol. I. 741.
[8] *Andanzas* 826.

aúrea. Caen lentamente las hojas; un tapiz muelle cubre el
suelo; entre los claros del ramaje se columbra el pasar de las
nubes. En los días opacos, el amarillo del follaje concierta
melancólicamente con el color plomizo ceniciento del cielo.[9]

Quiero echar la llave, en la capital geográfica de la Mancha, a
mis correrías. ¿Habrá otro pueblo, aparte de éste — Alcazar de
San Juan — más castizo, más manchego, más típico, donde más
íntimamente se comprenda y se sienta la alucinación de estas
campiñas rasas, el vivir doloroso y resignado de estos buenos
labriegos, la monotonía y desesperación de las horas que pasan
y pasan lentas, eternas, en un ambiente de tristeza, de soledad
y de inacción? Las calles son anchas, espaciosas, desmesuradas;
las casas son bajas, de un color grisáceo, terroso, cárdeno;
mientras escribo estas líneas, el cielo está anubarrado, plomizo;
sopla, ruge, brama un vendaval furioso, helado; por las anchas
vías desiertas vuelan impetuosas polvaredas; oigo que unas
campanas tocan con toques desgarrados, plañideras, a lo lejos;
apenas si de tarde en tarde transcurre por las calles un labriego
enfundado en su traje pardo, o una mujer vestida de negro, con
las ropas a la cabeza, asomando entre sus pliegues su cara lívida;
los chapiteles plomizos y los muros rojos de una iglesia vetusta
cierran el fondo de una plaza ancha, desierta.[10]

Estos textos nos revelan, además de las mencionadas más arriba,
otra de las constantes de la prosa paisajística de Azorín: su renuncia
sistemática a la dimensión histórico-social de los espacios que
describe. En el fragmento citado sobre Alcazar de San Juan, dada la
caracterización que se ha hecho de este pueblo, el labriego que pasa
"enfundado en su traje pardo" o la mujer "vestida de negro" podrían
ser perfectamente tanto sus habitantes en el tiempo del escritor
como los de hace mil años. A la Castilla concreta, la del final del
siglo XIX y principios del XX, no se le ha dejado cabida en las

---

[9] *Valores literarios, Obras Completas,*2 vols. (Madrid: Aguilar, 1947)
vol. I. 1260-61.

[10] *La ruta de don Quijote, Obras Completas* 790-91.

páginas azorinianas. "El vivir doloroso y resignado de estos buenos labriegos" parece ser, en la visión de Azorín, de siempre y para siempre, como lo es el cielo "anubarrado, plomizo" o el "vendaval furioso, helado." La discusión de este vivir doloroso, presentado como destino, se pone así fuera de nuestro alcance. Lo único que queda entonces es embriagarse en la fiesta de los sentidos que proponen las descripciones azorinianas.

Ya entre sus contemporáneos hubo quien le criticara a Azorín el tranquilo ahistoricismo que marca sus escritos. Unamuno, por ejemplo, manifiesta con bastante acritud su antipatía hacia el trabajo de este escritor cuando dice que "los himnos más o menos azorinescos a lo que transcurre sin ruido en los lugarejos, son himnos hoy de mal agüero, alientan a la cobardía."[11] En tono más amistoso, pero no menos estricto, el propio Machado también termina rechazando la forma azoriniana de ver la realidad. En el poema CXLIII de *Campos de Castilla*, "Desde mi rincón," dedicado "al libro Castilla, del maestro Azorín...," Machado le grita casi en los versos finales su rebelión ante la imagen de España en que Azorín se abandona:

> ¡Oh, tú, Azorín, escucha: España quiere
> surgir, brotar, toda una España empieza!
> ¿Y ha de helarse en la España que se muere?
> ¡Ha de ahogarse en la España que bosteza?
> Para salvar la nueva epifanía
> hay que acudir, ya es hora,
> con el hacha y el fuego al nuevo día.
> Oye cantar los gallos de la aurora.

Azorín, en efecto, renuncia a vivir con plena consciencia el tiempo que le toca. No le deja entrar en su obra; lo omite en favor de un idealismo que pretende abarcar el principio y el final, el todo de la realidad española; idealismo que, a fuerza de no ver lo particular de cada circunstancia histórica, se ha quedado tan

---

[11] Citado por Carlos Blanco Aguinaga, Julio Rodríguez Puértolas e Iris M. Zavala, *Historia social de la literatura española (en lengua castellana)*, 2ª ed., 3 vols. (Madrid: Castalia, 1881) vol. II. 215.

neutralizado que, de hecho, termina siendo incapaz de dar cuenta de nada.

Baroja, por su parte, es el contrapunto de esta tendencia idealizadora positiva que encontramos en Unamuno y Azorín. Baroja tiene una especial habilidad para ver lo feo, lo desagradable, los pequeños detalles capaces de arruinar cualquier cuadro que pinte. Una infatigable actitud negativa domina la mayor parte de la obra de este escritor. Baroja parece no contentarse con nada. Es dificilísimo sorprender al escritor en un momento de espontánea alegría. Una insobornable incomodidad vital, en mayor o menor grado, es lo que caracteriza a los principales personajes de las numerosas novelas del escritor. El espacio en que estos se desenvuelven es uno de los primeros blancos hacia los que se dirige la negatividad del autor. A Castilla también, entre ellos, le toca su parte irremediablemente:

Paseó por dentro de la catedral, grande, hermosa, pero sin suma de detalles que regocijase el contemplarlos; vio la iglesia románica de San Esteban, que estaban restaurando; después se acercó al Alcazar.

Desde allá, cerca de la verja del jardín del Alcazar, se veían a lo lejos lomas y tierras amarillas y rojizas; Zamarramala, sobre una ladera, unas cuantas casas mugrientas, apiñadas, y una torre, y la carretera blanca que subía al collado; a la derecha la Torre de La Lastrilla, y abajo, junto al río, en una gran hondonada llena de árboles macizos, de follaje apretado, el ruinoso monasterio de El Parral. Se le ocurrió a Fernando verlo; bajó por un camino, y después, por sendas y vericuetos, llegó a la carretera, que tenía a ambos lados álamos altísimos. Pasó el río por un puente que había cerca de una presa y de una fábrica de harinas.

Al lado de ésta, en un remanso del río, se bañaban unos cuantos chicos. Se acercó al monasterio; el pórtico estaba hecho trizas; sólo quedaba su parte baja. En el patio crecían viciosas hierbas, ortigas y yezgos en flor. Hacía un calor pegajoso; rezongueaban los moscardones y las abejas; algunos lagartos amarillos corrían por entre las piedras.

Del claustro, por un pasillo, salió a un patio con corredores de una casa que debía estar adosada al monasterio; unas cuantas viejas negruzcas charlaban sentadas en el suelo; dos o tres dormían con la boca abierta. Salió del monasterio y bajó a una alamada de la orilla derecha del río.[12]

Esta descripción de Segovia puede ser un buen ejemplo del tratamiento del espacio en Baroja. Hay en ella una pretendida intención de objetividad, como se desprende del uso de ciertos recursos formales. Por una parte está el hecho de que no se le deja al personaje la tarea de la descripción. Es el autor — quien en teoría está por encima de los intereses personales de sus personajes — el que presenta la situación y al personaje en ella. Tenemos la impresión, entonces, de que el personaje ve sencilla y objetivamente lo que hay a su alrededor. Por otra parte, la descripción lo es fundamentalmente de acciones o hechos externos, inapelables: cómo el personaje va de un lugar a otro, la situación espacial de los diferentes elementos que componen este paisaje, o la enumeración de lo que se va viendo. Hay que considerar, sin embargo, que ese "lo que hay" a que el personaje está expuesto, ha pasado por una primera e importante criba que es la de la percepción del autor: ese "lo que hay" es, más bien,"lo que el autor quiere que haya." La objetividad del personaje con respecto a su entorno funciona como encubridora de una subjetividad anterior, que es la del autor.

Es de notarse también, en torno al problema de la pretendida objetividad barojiana, el hecho de la continua adjetivación de todo lo que se nos presenta. A través de ella se delatan constantemente los gustos — o más bien disgustos — del autor. En la elección, por ejemplo, de "viejas negruzcas" para referirse a unas viejas vestidas de negro o de "el pórtico estaba hecho trizas" para referirse a la condición de ruinas del pórtico, se revela con toda claridad la poca simpatía que el autor siente por las viejas y la incomodidad que le produce la contemplación del monumento en ruinas.[13] El problema

---

[12] *Camino de prefección, Obras completas de Pío Baroja*, 8 vols. (Madrid: Biblioteca Nueva, 1948) v.VI. 48.

[13] El papel del adjetivo en Baroja en relación con el problema de la objetividad ha sido ya visto con claridad en Blanco-Aguinaga, Rodríguez-Puértolas y Zavala:

Baroja — el solitario independiente y "rebelde" que no tolera que nadie le indique las necesidades de ningún comportamiento social — adjetiva

es que después de esto ni al personaje ni al lector le quedan ya muchas opciones.

Al margen de esta ilusión de objetividad, lo que se encuentra en la descripción barojiana, como señalábamos más arriba, es la abundancia de elementos negativos: "la catedral grande y hermosa, pero sin suma de detalles que regocijase el contemplarlos," "casas mugrientas, apiñadas," "el ruinoso monasterio," "el pórtico estaba hecho trizas," "en el patio crecían viciosas hierbas, ortigas y yezgos en flor," "calor pegajoso," "moscardones," "viejas negruzcas," "dos o tres dormían con la boca abierta." Todo lo negativo se reune al conjuro de Baroja, quien frente a ello se agota en el puro desprecio.

Es curioso que en esta descripción se mencionan dos elementos que también aparecen en el poema de Machado dedicado a Soria que comentábamos más arriba: el "ruinoso monasterio" y las "casa mugrientas," que en Machado son el "castillo guerrero arruinado" y las "casas denegridas." Ninguno de estos dos escritores se niega a ver lo feo. Pero hay, sin embargo, una diferencia fundamental entre ellos, que es la que se refiere a su actitud frente al objeto de su crítica. Baroja, decíamos, se consume en el desprecio. No hay en él el menor intento de entender la situación, de profundizar en el ser mismo de las cosas, lo cual dejaría abierta la posibilidad de no tener que cargarlas enteramente con la responsabilidad de su fealdad. Baroja se desentiende de las explicaciones. Lo que ve fuera de él le molesta y lo único que hace es expresar su disgusto. El negarse a comprender la realidad que le rodea es, por otra parte, una forma de

---

machaconamente todas las situaciones, personajes y acciones de sus novelas: es seguramente el escritor más dictatorial de nuestras letras modernas, la autoridad suprema e indiscutible de todas sus ficciones. Todo personaje de Baroja lleva su calificativo que nos dice cómo es y cómo, por lo tanto, debemos verlo, sin discusión; toda escena lleva su comentario autorial que pretende obligarnos a darle la interpretación que le da Baroja. En estos comentarios, en su adjetivación insistente, se encuenta la ideología que, una y otra vez, destruye la posibilidad de toda objetividad. Con gran perspicacia y rigor lo dijo en su momento Ramón Gómez de la Serna: Baroja "tiene para sus personajes contestaciones o críticas que les valdan, resultando para ellos como una especie de jefe de cárcel." (vol. II. 218)

escapar a la consideración de cuál sea su propia responsabilidad hacia ello. El "nada humano es ajeno a mí" del proverbio latino,[14] que Machado recuerda en cierta ocasión,[15] no tiene cabida en la actitud de Baroja. Él queda fuera de toda discusión. Es un crítico implacable cuya propia persona está en veda, sin embargo.

Lo que pone de relieve esta comparación entre Machado, por una parte, y Unamuno, Azorín y Baroja, por la otra, es que si es cierto que Machado, en lo que le toca de Generación del 98, tiene como sus compañeros un capítulo dedicado a Castilla, no lo es menos que se diferencia de ellos profundamente en la forma de enfocar ese capítulo. Azorín y Unamuno, por amor a la tierra castellana, terminan pecando, cada uno en diferente forma y medida, de idealismo y ahistoricismo. Baroja, por el contrario, tal vez por su falta de amor, se entretiene en denunciar despiadadamente todo lo negativo, renunciando a cualquier pincelada que pudiera iluminar su cuadro. Azorín y Unamuno, de una forma, y Baroja, de otra, traicionan igualmente a Castilla. Lo peculiar machadiano, lo que le es propiamente característico, se nos revela, entonces, como una superación de las limitaciones de los autores mencionados. Sin tener que idealizar podrá amar esta tierra. Sin perdonar, sin desatender ninguno de los defectos estará, sin embargo, empeñado en comprender.

---

[14] "Homo sum et humani nihil a me alienum puto" (Terencio, *Heautontimorumenus*, I, esc. I), según nota de José M. Valverde en *Juan de Mairena* 139.

[15] *Juan de Mairena* 139.

4

Aceptación del otro

ACTIDUD DEL AUTOR HACIA EL TEMA QUE TRATA

EN EL COMENTARIO DEL POEMA "El viajero" señalábamos cómo la actitud del autor hacia el tema que trata puede ser un factor determinante en la configuración del componente ético, a nivel de comportamiento, de su obra. Los diferentes análisis sobre poemas concretos realizados hasta aquí nos confirman en ello: en el poema mencionado destacábamos el sentimiento de simpatía en el autor hacia el sujeto del que se ocupa; en el de "Llanto de las virtudes y coplas por la muerte de don Guido" anotábamos la comprensión y actitud dialogante que configura la crítica que se hace de este personaje; en el amoroso "¿Por qué, decisme, hacia los altos llanos," destacábamos la forma en la que el poeta hace cara a su propio sentimiento; en el dedicado a Soria, nos asombrábamos ante la aceptación de la ciudad por parte del autor sin negar o eludir ni un átomo de su fealdad ... Lo curioso de todo esto es, además, que si apuramos un poco la particularidad de cada poema nos encontramos casi inevitablemente hablando siempre de lo mismo. Los poemas citados, tan diferentes unos de otros en temas, tonos y ritmos, se revelan, en efecto, estrechamente entrelazados a poco que se profundice en el análisis: en el poema dedicado a Soria veíamos cómo el poeta sabe amar la ciudad sin necesidad de idealizarla. Hablábamos aquí del enorme respeto de Machado hacia la cosa observada — por no desvirtuarla en su percepción — y de su decidida voluntad de comprensión. Casi con las mismas palabras tenemos que referirnos al poema de don Guido. Aquí, otra vez, no se perdona un defecto pero, al mismo tiempo, como veíamos en su momento, no se abandona nunca la posibilidad de un diálogo y de un entendimiento. La puerta abierta que se le deja al caballero es la misma que se le deja también a la ciudad. Por otra parte, de la misma forma que el poeta trata al caballero o a la cuidad, así se trata él a sí mismo. El poeta jamás elude nada de sí mismo. En el poema amoroso "¿Por qué, decisme ..." reconoce como igualmente suyos el momento de alegría y el momento de tristeza, por doloroso que sea éste último. Y en "El viajero" sabe penetrar la mirada ausente del hermano, aguantando con entereza un fracaso que, a través de un profundo sentimiento de solidaridad, también le toca a él.

La actitud de Machado, su particular posición ante los temas que trata, viene a ser, a última hora, más importante que los temas en sí. Nunca explícita, esta actitud se manifiesta sutilmente pero inconfundible dejándole al lector una emoción que en principio le es difícil explicar. El análisis de algún contraejemplo puede sernos de gran utilidad para terminar de entender la importancia de la actitud del autor con respecto al tema que le ocupa. Proponemos aquí el estudio de dos casos en los que la distancia emocional del autor respecto a los temas que trata es manifiesta. El primero de ellos es el poema titulado "El hospicio," número C en *Campos de Castilla*:

Es el hospicio, el viejo hospicio provinciano,
el caserón ruinoso de enegrecidas tejas
en donde los vencejos anidan en verano
y graznan en las noches de invierno las cornejas.

Con su frontón al Norte, entre los dos torreones
de antigua fortaleza, el sórdido edificio
de grietados muros y sucios paredones,
es un rincón de sombra eterna.¡El viejo hospicio!

Mientras el sol de enero su débil luz envía,
su triste luz velada sobre los campos yermos,
a un ventanuco asoman, al declinar del día,
algunos rostros pálidos, atónitos y enfermos,

a contemplar los montes azules de la sierra;
o, de los cielos blancos, como sobre una fosa,

caer la blanca nieve sobre la fría tierra,
¡sobre la tierra fría la nieve silenciosa!

En este poema el poeta denuncia algo que le ha impresionado muy negativamente: las malas condiciones de habitabilidad del hospicio y la triste suerte — cuya causa real y simbólica está en esa deplorable condición del edificio — de los niños que lo habitan. Se presenta aquí un problema de ética social. Pero a pesar de esta preocupación ética expresada no se puede hablar aquí — al contrario de lo que ocurre en los poemas analizados anteriormente — de comportamiento ético. El autor presenta una denuncia pero se queda emocionalmente fuera de lo que está pasando. En otras palabras, se podría decir que no ha habido interiorización del problema por parte del autor; que lo que aquí se presenta es un tema que el autor no ha podido hacer suyo. En cuanto a la valoración estética del poema, nadie tendrá dificultad en reconocer que este no es uno de los poemas más afortunados de Machado. Por nuestra parte, la calificación del poema como flojo, estéticamente hablando, la fundamentamos precisamente en la distancia emocional que lo informa.

Véamos el segundo poema seleccionado a este respecto. Es el número XCIX en *Campos de Castilla*: "Por tierras de España." Poema éste que ha merecido la atención del estudioso Angel González para señalar en él precisamente lo atípico que resulta dentro del conjunto poético machadiano. Y a la vez que lo señala como uno de los pocos reparos que podría hacérsele a la obra de Machado, lo explica como una influencia y contagio del tono que caracteriza los escritos de otro escritor de la época, Miguel de Unamuno.[1] El poema es el siguiente:

El hombre de estos campos que incendia los pinares
y su despojo aguarda como botín de guerra,
antaño hubo raído los negros encinares,
talado los robustos robledos de la sierra.

---

[1] Angel González, *Antonio Machado. Antología* (Madrid: Júcar,1979) 15.

Hoy ve a sus pobres hijos huyendo de sus lares;
la tempestad llevarse los limos de la tierra
por los sagrados ríos hacia los anchos mares;
y en páramos malditos trabaja, sufre y yerra.

Es hijo de una estirpe de rudos caminantes,
pastores que conducen sus hordas de merinos
a Extremadura fértil, rebaños trashumantes
que mancha el polvo y dora el sol de los caminos.

Pequeño, ágil, sufrido, los ojos de hombre astuto,
hundidos, recelosos, móbiles; y trazadas
cual arco de ballesta, en el semblante enjuto
de pómulos salientes, las cejas muy pobladas.

Abunda el hombre malo del campo y de la aldea,
capaz de insanos vicios y crímenes bestiales,
que bajo el pardo sayo esconde un alma fea,
esclava de los siete pecados capitales.

Los ojos siempre turbios de envidia o de tristeza,
guarda su presa y llora la que el vecino alcanza;
ni para su infortunio ni goza su riqueza;
le hieren y acongojan fortuna y malandanza.

El numen de estos campos es sanguinario y fiero:
al declinar la tarde, sobre el remoto alcor,
veréis agigantarse la forma de un arquero,
la forma de un inmenso centauro flechador.

Veréis llanuras bélicas y páramos de asceta
— no fue por estos campos el bíblico jardín —:
son tierras para el águila, un trozo de planeta
por donde cruza errante la sombra de Caín.

El que Machado se detenga en un tema como éste nos da idea
otra vez de la importancia en él de su interés y preocupación por los
problemas sociales. La Naturaleza, más que como paisaje, aparece

como el entorno donde se vive y del que se vive. De este modo Machado se libra del convencionalismo típico que hace de la Naturaleza un tema poético "per se." Por otra parte, el análisis machadiano sobre el problema de los incendios es de una lucidez extraordinaria. Todo lo dicho hace del poema, indudablemente, una pieza interesante. Pero, al igual que en el poema anterior, encontramos que nos falta lo más importante: eso que el propio Machado resuelve en la ecuación: poesía=cosa cordial.[2] Angel González, que señalaba lo atípico de un poema como éste en Machado, ha acertado plenamente, a nuestro juicio, al explicar el por qué. Según este crítico el poema revela "una actitud de dureza no exenta de desprecio que establece un conflicto sin solución."[3] La diferencia en actitud es abismal si se compara con el poema ya visto de don Guido. Aquí no hay el menor intento de entendimiento o de diálogo. La crítica es definitivamente condenatoria.

Resulta muy interesante la conexión que establece Angel González entre el tono de este poema y el que señala como característico de la crítica unamuniana. Esto nos pone de nuevo en relación con el tema de la particular posición de Machado dentro del grupo de los del 98. Hemos visto en el capítulo anterior lo que peculiarizaba a Machado frente a los más importantes del grupo en el caso concreto del tratamiento del paisaje. En cuanto al problema de la actitud machadiana en su presentación de determinado problema de ética social, la comparación puede resultar igualmente ilustradora.

La generación del 98 toma su nombre de un suceso histórico — la pérdida de las últimas colonias — que sirvió fundamentalmente para despertar de una vez por todas del ensueño de la grandeza española y para tener que mirar cara a cara el decadentismo social, político y económico que atenazaba a España. Que una generación literaria sea bautizada con la fecha de un acontecimiento histórico político de gran importancia para su patria, es, sin duda, significativo de una posición activa y crítica en asuntos de cariz político-social. La reputación de los hombres del 98 se forma en su juventud, cuando verdaderamente ocupan posiciones críticas destacadas. Y con

---

[2] Macrí 1791.
[3] González 18.

esta reputación han pasado a la historia de la literatura. El "problema de España" y, en consecuencia, todos los problemas de ética social derivados del primero, son las pinceladas imprescindibles cuando se quiere pintar el cuadro temático de esta generación. Hay que señalar, sin embargo, que esta postura crítica de juventud, con el tiempo fue abandonada totalmente por algunos. Tal fue el caso de Ramiro de Maeztu, más que literato, ideólogo del grupo, quien, desde una posición política más o menos marxista termina en las filas de la extrema derecha española de los años veinte y treinta; o el caso, asímismo, de Azorín, quien, partiendo de una ideología anarquista y de un entusiasmado apoyo a la lucha del proletariado, terminó más tarde renegando explícitamente de todo ello y aceptando un puesto político en el Partido Conservador de Maura. Paralelamente el escepticismo, la ahistórica contemplación del paisaje se adueñaron de sus textos literarios. El caso de Baroja es distinto, ya que este escritor jamás abandona su espíritu crítico, en el que va diluído un fuerte pesimismo. Pero de este autor difícilmente podría decirse que le preocupe España, sino, más bien, que le fastidia profundamente. Es Unamuno en quien se encarna realmente el tema de la preocupación por España a través de aquella afortunada expresión suya en la que decía que "le dolía España."[4] Aunque habría que decir también para ser justos que el apasionamiento unamuniano tiene un toque de teatral y vocinglero. De que ya entre sus mismos contemporáneos fue advertido este rasgo en Unamuno, son testimonio las palabras de Baroja en cierta ocasión. Con su dureza acostumbrada dice este autor que "en el momento en que desapareciese de escena la avasalladora personalidad de don Miguel, el edificio entero de su trabajo se derrumbaría."[5]

Pese a todo, es Unamuno el que más cerca está de Machado, el único del que, en rigor, podría hacerse un estudio comparativo. Machado, por su parte, sentía por él un sincero respeto. Lo reconocía como " el dilecto / predilecto / de esta España que se agita,..."[6] y

---

[4] En *Andanzas y visiones españolas* (1922) dice Unamuno: "A mí, que tanto me duele España, mi patria, como podía dolerme el corazón, o la cabeza o el vientre ..." (686)

[5] Pío Baroja, *Obras Completas* 499.

[6] "Poema de un día", *Campos de Castilla* CXXVIII.

como maestro en cuestiones filosóficas. En cuanto a lo que aquí nos preocupa, la crítica unamuniana a los problemas de España es merecedora de alta consideración. Su mirada inteligente sabe penetrar con claridad el corazón de las cosas y por su boca han sido dichas muchas verdades sobre nuestro ser en la historia. Unamuno alumbra nuestra inteligencia en cuestiones de ética social, como también lo hace Machado, pero, y aquí está la gran diferencia, nos deja a oscuras en la zona del corazón. Es en esta zona del corazón, donde radica la peculiaridad machadiana, la cual marca una distancia substancial con Unamuno y, en general, con los hombres del 98. Cuando asistimos a la crítica machadiana tan importante como el contenido de la crítica es la forma misma en que ésta se hace. Es en la forma machadiana de hacerse la crítica y , en general, de tratar cualquier tema, donde aprehendemos un comportamiento ético, fruto únicamente de la actitud vital del poeta y que como vivencia, sin pasar, en principio, por el cerebro, el lector experimenta. Ésta es la gran contribución machadiana a esa generación de la que siempre se ha señalado su inclinación por la ética en contraposición a los modernistas, a quienes ha sido la estética la bandera asignada. Contribución ésta la de Machado que lo hace único dentro del grupo noventayochista.

OBJETIVIDAD-SUBJETIVIDAD

Este proceso de interiorización en Machado del tema del que se ocupa — con las necesarias salvedades, naturalmente, de las que los dos contraejemplos presentados son una muestra — nos lleva a un replanteo de la cuestión tocante al tema de la objetividad-subjetividad en su obra. A la hora de describir la curva de su evolución poética se ha señalado, con aquiescencia generalizada, que su primer libro, *Soledades*, es marcadamente subjetivo, significando con esta calificación que el poeta mira hacia dentro de sí mismo; que es el sujeto, el suyo propio, el tema de sus divagaciones. Del libro siguiente, *Campos de Castilla*, se ha señalado el rasgo contrario: el objetivismo, ya que el autor aquí, abandonando la contemplación de sí mismo, mira hacia afuera, al variopinto mundo de los objetos. Estas categorías sirven, en efecto, para describir a grandes líneas dos diferentes momentos de la poesía de Machado. Sin embargo, a poco que se profundice sobre la naturaleza de cada uno de estos dos momentos poéticos, la capacidad descriptiva de las mencionadas categorías resulta claramente insuficiente.

En este capítulo, por ejemplo, hemos destacado la importancia de la actitud del autor frente al objeto que presenta. Hemos visto cómo Machado, en lo mejor de su quehacer poético, lejos de quedarse sólo en un análisis del tema que trata, lo interioriza, se ve implicado en él emocionalmente. A la luz de estas consideraciones no parecería ocioso señalar, entonces, la difícil objetividad del objetivismo de Machado.

La cuestión del objetivismo-subjetivismo se enriquece y complica en Machado al contar, además, con una formulación filosófica. Bajo la máscara de Abel Martín, Machado se decanta en filosofía por el subjetivismo más idealista: defiende Abel Martín el caracter inmanente de todo contenido de conciencia, con lo cual cualquier pretensión de objetividad no es más que eso: pura pretensión. Dice Machado:

> Porque Abel Martín no ha superado, ni por un momento, el subjetivismo de su tiempo, considera toda objetividad propiamente dicha como una apariencia, un vario espejismo, una vana proyección ilusoria del sujeto fuera de sí mismo."[7]

El sentimiento amoroso, en esta filosofía, se define como un anhelo hacia el otro; pero el otro, en su misma otredad, es inalcanzable porque el sujeto es incapaz de salirse de sí, de rebasar sus propios límites. La soledad del hombre es, así, irremediable.

Pero a la fe racional, a la filosofía, se opone en Abel Martín otra fe no menos fuerte, la fe poética, que cree en la realidad del mundo externo en un sentido puramente pragmático. Dice Abel Martín:

> El poeta, como tal, no renuncia a nada, ni pretende degradar ninguna apariencia. Los colores del iris no son para él menos reales que las vibraciones del éter que paralelamente los acompañan; no son éstas menos *suyas* que aquéllos, ni el acto de ver menos substancial que el de medir o contar los estremeci-

---

[7] Macrí 685.

mientos de la luz."[8]

Estamos ahora a un nivel donde la presencia del otro es un hecho inesquivable. La comunicación intersubjetiva se cree ahora no sólo posible sino la condición sin la cual las relaciones humanas no se podrían calificar de tales. "Un corazón solitario — dice Machado por boca de Jorge Meneses — no es un corazón; porque nadie siente si no es capaz de sentir con otro...."[9] En esta sentencia cifra Machado una de las claves de su poética. A través de Meneses Machado explica:

> El sentimiento ha de tener tanto de individual como de genérico, porque aunque no exista un corazón en general, que sienta por todos, sino que cada hombre lleva el suyo y siente con él, todo sentimiento se orienta hacia valores universales, o que pretenden serlo.[10]

De esta forma, a través de la comunión sentimental, la poesía libera al sujeto de su propia subjetividad, de los límites que lo encierran y que lo separan del otro.

Volviendo a la consideración del tema de la objetividad o subjetividad en la obra poética de Machado, hay que decir, entonces, que el subjetivismo de *Soledades* es un subjetivismo compartido a pesar de lo aparentemente contradictorio de la proposición. En la exploración de las galerías y recovecos de su propio corazón el poeta sintoniza con las palpitaciones de otros corazones. El agudo individualismo que caracteriza a este libro es un individualismo vigilado, en el sentido de que no le está permitido dejar fuera de vista al otro que queda fuera. Es éste, sin duda alguna, uno de los rasgos que caracterizan a los grandes poetas de todos los tiempos. Lo que quizás es único en Machado es la clarividencia en sus reflexiones sobre este tema y la interiorización a nivel emocional de un concepto tan lúcidamente expresado. En cuanto a *Campos de*

---

[8] Macrí 687-88.
[9] Macrí 710.
[10] Macrí 709.

Castilla es cierto que la mirada se dirige hacia fuera del poeta, pero lo que se ve, se ve desde dentro. El poeta voluntariamente queda involucrado en la problemática de áquel del que se ocupa. El poeta simpatiza, siente con los otros. Pensamos que *Soledades* y *Campos de Castilla* son dos caminos distintos en su punto de partida, pero las direcciones de ambos convergen hacia el punto donde la poesía es definida por Machado como "cosa cordial."

ACEPTACIÓN DEL OTRO

No deja de ser interesante este juego de tensiones internas que se produce en Machado entre el filósofo y el poeta. El camino de la razón le lleva a unas conclusiones a cuya demolición se entrega, con una fe inquebrantable en sí misma, su actividad poética. Tiene Machado unos versos un tanto socarrones en donde se cifra para siempre la irreductibilidad del conflicto: "Confiemos" — dice — en que no será / verdad nada de lo que pensamos."[11] Se cargan de sentido ahora aquellas palabras en las que dice de sí mismo que " yo vivo en paz con los hombres y en guerra con mis entrañas."[12] Y en otra ocasión, con la indefensión del que pone todas sus cartas boca arriba, manifestará: "Porque — todo hay que decirlo — nuestro pensamiento es triste, y lo sería mucho más si fuera acompañado de nuestra fe, si tuviera nuestra más íntima adhesión. ¡Eso nunca!"[13]

Sanchez Barbudo, reflexionando sobre estas tensiones internas de que se constituye la obra machadiana, explica en relación con el problema del subjetivismo que Machado, si bien no puede creer en la existencia objetiva del prójimo, cree, sin embargo, éticamente en él:

> ... Machado, que no podía creer en la existencia objetiva de Dios, no podía tampoco creer con firmeza en la existencia real y verdadera, objetiva, de ese otro. Este idealismo no excluye en modo alguno, claro es, ese esfuerzo por creer éticamente en él, en el otro que ante nosotros aparece, exista en verdad o no.[14]

---

[11] "De un cancionero apócrifo," Macrí 691.
[12] Macrí 1123.
[13] *Juan de Mairena* 259.
[14] Antonio Sánchez Barbudo, *Estudios sobre Unamuno y Machado*

Palabras claves, éstas de Sanchez Barbudo, a la hora de enteder la honda fundamentación ética que alienta en la poesía machadiana. Es el poeta — citábamos más arriba a Abel Martín — el que "no renuncia a nada, ni pretende degradar ninguna apariencia." Las apariencias para Machado — explica Sanchez Barbudo — "tienen en nuestra vida, en la vida del poeta, que las ama, un papel análogo al que tendrían auténticas realidades."[15] Así pues, lo que el pensamiento racional no puede demostrar, la existencia objetiva del otro, se resuelve a nivel poético por la aceptación de igual a igual de "ese otro que ante nosotros aparece," reconociendo, entonces, la importancia del hecho de que ese otro, lejos de limitarse a aguantar el peso de nuestra mirada nos mira, a su vez, convirtiéndonos en objeto de la suya. Dice Machado, toreando habilmente su propio idealismo:

> El ojo que ves no es
> ojo porque tú lo veas;
> es ojo porque te ve.[16]

Machado reivindica para el otro el mismo grado de realidad que se defiende para el yo. En el marco de referencia de una ética cristiana, donde el principio del amor al prójimo ocupa un lugar de relevancia, Machado se plantea la problematicidad del solipsismo filosófico:

> El problema del amor al prójimo — habla Mairena a sus alumnos — que algún día hemos de estudiar a fondo en nuestra clase de Metafísica, nos plantea agudamente otro, que ha de ocuparnos en nuestra clase de Sofística: el de la existencia real de nuestro prójimo, de nuestro vecino, que dicen los ingleses — *our neighbour* — de acuerdo con nuestro Gonzalo de Berceo. Porque si nuestro prójimo no existe, mal podremos amarle.

(Madrid: Guadarrama, 1959) 248.
[15] Sánchez Barbudo 249.
[16] *Nuevas Canciones* I en CLXI.

Ingenuamente os digo que la cuestión es grave. Meditad sobre ella.[17]

La solución ética para Machado estará en postular la necesidad de "creer en el prójimo." Postulado éste primordial para Machado al que termina incluso por subordinar el tradicionalmente primero de "creer en Dios," subvirtiendo así el orden de prioridades de la preceptiva cristiana:

> Cuando le llegue, porque le llegará, el inevitable San Martín al *solus ipse*, porque el hombre crea en su prójimo, el yo en el tú, y el ojo que ve en el ojo que le mira, puede haber comunión y aun comunismo. Y para entonces estará Dios en puerta. Dios aparece como objeto de comunión cordial que hace posible la fraterna comunidad humana.[18]

Es interesante mencionar aquí, por su coincidencia con los plantamientos machadianos, el trabajo de un filósofo de nuestros días, el francés Enmanuel Levinas. Al igual que Machado, Levinas sostiene que si bien no hay nada que pruebe la existencia objetiva del otro, tenemos, sin embargo, una *responsabilidad* hacia él de la que no nos es dado sustraernos. En la presentación de la edición castellana de su libro *Totalidad e infinito* (1961), Levinas explica:

> Que todo aparecer del *ser* sea una posible apariencia; que la manifestación de las cosas y el testimonio de la conciencia no sea, quizá, sino el efecto de una cierta magia, capaces de extraviar al hombre que espera salir de *sí* hacia el *ser*, todo esto no es un loco pensamiento filósofico. Es todo el desarrollo de la humanidad moderna: su temor a dejarse hechizar. Sabemos ya,

---

[17] *Juan de Mairena* 211.
[18] *Juan de Mairena* 184.

en efecto, que la teoría no nos pone al abrigo de la mixtificación. La *ideología*, inocente o maligna, ha alterado ya nuestro saber. Por ella los hombres se engañan o son engañados. Las ciencias humanas de nuestro tiempo — la psicología y el psicoanálisis, la sociología y la economía, la lingüística y la historia — muestran el "condicionamiento" de toda proposición y de toda verdad. Y si el saber proporcionado por las ciencias no estuviera tampoco exento del equívoco que denuncia, confirmaría aun más la anfibiología del aparecer.

Nuestro libro... busca una salida a esta referencia al ser; referencia en la que uno no está seguro de que se rompa el encantamiento, de que el hombre, en su conocer, no quede encerrado en su conciencia subjetiva, de que su impulso de transcendencia no permanezca encallado, dejando al *yo* cautivo de sí mismo. Nuestro libro encuentra la apertura en un movimiento que, de inmediato, es *responsabilidad* por el prójimo, en vez de asirse a cierto "contenido" de conocimiento que tal vez no es más que la sombra de una presa. *Totalidad e infinito* describe la *epifanía del rostro* como un deshechizamiento del mundo. Pero el rostro en cuanto rostro es la desnudez — y el desnudamiento — "del pobre, de la viuda, del huérfano, del extranjero," y su expresión indica el "no matarás." Cara a cara: relación ética que no se refiere a ninguna ontología previa. Ella rompe el englobamiento clausurante — totalizante y totalitario — de la mirada teorética. Ella se abre, a modo de responsabilidad, sobre el otro hombre — sobre el inenglobable —: ella va hacia lo infinito. Ella conduce al exterior, sin que sea posible sustraerse a la responsablidad a la que apela de tal modo.[19]

La poesía machadiana nace, pues, a contracorriente de su propio pensamiento, de una fe en el otro que responde en primer término a una motivación ética. Abel Martín, cuando reclama para el poeta la realidad de todo aquello que ante él aparece, termina explicando:

---

[19] Enmanuel Levinas, *Totalidad e infinito*,2ª. (Salamanca: Sígueme, 1987) 9-10.

Del mismo modo, la vida ascética, que pretende la perfección moral en el vacío o enrarecimiento de representaciones vitales, no es... camino que lleve a ninguna parte. El ethos no se purifica, sino que se empobrece por la eliminación del pathos, y aunque el poeta debe saber distinguirlos, su misión es la reintegración de ambos a aquella zona de la conciencia en la que se dan como inseparables.[20]

---

[20] "De un cancionero apócrifo,"Macrí 688.

5
Autenticidad. Estudio particular de determinados aspectos formales

SI HAY QUE SEÑALAR UNO DE los rasgos más sobresalientes de la poesía machadiana, la caracterización de la misma como profundamente sincera y auténtica aparece como uno de los más importantes. Resulta sorprendente la uniformidad que a este respecto presenta la reacción del público, a pesar de lo tan poco objetivable que parece, en principio, dicha observación. Tanto el lector no profesional como el crítico literario se quedan maravillados por este poeta cuya voz les suena tan verdadera. Geoffrey Ribbans, por ejemplo, titula un estudio suyo sobre Machado *Poetry and Integrity* (1975), y en él recoge una cita de Unamuno donde éste dice de Machado que es "el hombre más descuidado de cuerpo y más limpio de alma de cuantos conozco."[1] María Zambrano, en su libro *Los intelectuales en el drama de España* (1977), se refiere a Machado diciendo que "... entre todos los poetas que en su casi totalidad han permanecido fieles a su poesía, que se han mantenido en pie, ninguna voz que tanta compañía nos preste, que mayor seguridad íntima nos dé, que la del poeta Antonio Machado."[2] Es curioso, sin embargo, que aunque se reconozca unánimemente este rasgo de autenticidad en la poesía machadiana, nadie se atreve realmente a hablar de ello,

---

[1] Geoffrey Ribbans, *Poetry and Integrity. Antonio Machado (1875-1939)* (London: The Hispanic and Luso Brasilian Council, 1975) 3.

[2] María Zambrano, *Los intelectuales en el drama de España. Ensayos y notas (1936-1939)* (Madrid: Hispamerca, 1977) 75.

solamente a nombrarlo. Y es que el tema parece de difícil tratamiento objetivo, poco susceptible de rigor científico. En efecto, el juicio que hacemos sobre la sinceridad o insinceridad del poeta nos remite en última instancia a nuestra capacidad de creer o no en lo que éste dice, dependiendo, entonces, dicho juicio de la reacción personal de cada lector ante la obra, más que de la obra misma.

El argumento es de consideración. Lo cual no es obstáculo, sin embargo, para que nos podamos quedar con la mala conciencia de estar sacrificando mucho en aras de un riguroso objetivismo. Renunciar a hablar de por qué nos creemos lo que un autor dice nos parece una concesión demasiado grande ya que quizás el hecho de que una obra nos convenza o no es lo más importante que pueda ocurrir entre ella y su receptor. Y en un caso como el de Machado, donde se da un consenso en la valoración que a este respecto se hace de su obra, la necesidad de una explicación es, a todas luces, inexcusable. Por otra parte, el intento de explicar lo subjetivo no es otra cosa sino un proceso de objetivización, de superación gradual de la inaccesibilidad del sujeto. Cuando uno analiza su propia reacción ante algo, tratando de descubrir y reunir todo aquello que viniendo de fuera ha contribuido a la configuración de dicha reacción, está, en primer lugar, resolviendo en claridad lo que pudo ser considerado por él, en principio, como un impulso ciego; y, en segundo lugar, está haciendo posible la comunicabilidad de su reacción, esto es, otra persona podrá entender y discutir cómo el primero ha llegado a cierta posición.

En la vida real el juicio que hacemos sobre la sinceridad de los que nos rodean es perfectamente susceptible de tal escrutinio. Si yo digo, por ejemplo, que no me creo lo que determinada persona ha dicho y explico a continuación que esta persona ha titubeado mientras hablaba, que no ha podido mantener la mirada y que, además, ha dicho algo de sí mismo que no se corresponde en absoluto con su trayectoria vital recorrida hasta el momento, cualquiera que me escuche puede, sin dificultad, compartir mis reservas. Naturalmente, siempre cabe la posibilidad de que alguien defienda lo contrario. "Sus razones tendrá," decimos tan a menudo en situaciones parecidas que la expresión es casi ya una fórmula. En efecto, suponemos que su opinión está basada, como la nuestra, en la consideración de determinadas observaciones. Si discutimos el caso, lo cual no es sino una mutua puesta en conocimiento de las razones de cada uno, puede suceder que uno de los dos cambie de opinión al incorporar a su razonamiento algo con lo que antes no contaba, o que sigamos, pese a todo, en desacuerdo. En la vida real el problema en muchos casos no es insoluble. Con el tiempo se ve, ante los hechos consumados, quién de los dos tenía razón. Si uno se ha equivocado, entonces, es porque no ha sabido valorar en su justa medida la importancia de determinados datos. Es aquí solamente a donde se reduce el componente subjetivo en nuestro juico sobre la sinceridad de alguien. Por el contrario, todo lo que precede a este momento puede ser, como hemos visto, objeto de discusión, materia comunicable entre sujetos.

Es este último terreno el que nosotros queremos estudiar en profundidad cuando proponemos el estudio de la impresión de autenticidad con que le deja al lector la obra machadiana. Se trataría de llevar hasta el límite del entendimiento intersubjectivo la explicación de nuestras razones para pensar que este autor es sincero. En cuanto al procedimiento a seguir en esta indagación vamos a proponer como eje fundamental de la misma el estudio de determinados aspectos formales en la obra machadiana. El cómo se dicen las cosas es, sin duda alguna, un factor determinante en nuestro juicio sobre la sinceridad del que habla. Nuestro interés está dirigido, entonces, hacia lo formal en cuanto portador en sí mismo de cierto valor significativo, o , haciendo uso de la terminología de Hemsleiv, hacia la "substancia de la expresión."

Hemsleiv sutiliza, enturbiándolo, el limpio corte saussuriano entre "significado" y "significante" propuesto en su teoría sobre el signo lingüístico. Gráficamente la diferencia entre ambos se podría representar como sigue:

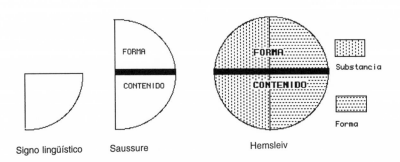

Para Hemsleiv hay un segundo desdoblamiento de cada uno de los dos componentes del signo lingüístico señalados por Saussure. Esto le permite hablar, por un lado, de la forma de la expresión y de la forma del contenido; y por otro, de la substancia de la expresión y la substancia del contenido. Las dos caras del signo lingüístico que señalaba Saussure se entrecruzan en Hemsleiv, se interpenetran, devolviendo al viejo problema de la forma y el contenido, en cualquier nivel que se considere, toda su complejidad.

Antes de entrar en el estudio particular de determinados aspectos formales en la poesía de Machado se hace necesaria una presentación más general del tema, dada la importante controversia que sobre el tema de la forma en Machado está levantada. Hay quienes piensan — aun respetando profundamente su obra — que Machado, a nivel formal, es un poeta decimonónico; que se queda, sin pasar, en los umbrales del nuevo siglo. Para ellos Machado es importante por su mensaje, por lo que dice, más que por el cómo lo dice.[3] A la base de su argumento ponen algunas reflexiones del mismo Machado sobre su propio trabajo o sobre la poesía en general. Bien conocido es su explícito rechazo de la estética modernista —

---

[3] Véase, por ejemplo, Guillermo de la Torre, ensayo preliminar, *Obras. Poesía y prosa* (Buenos Aires: Losada, 1964) 13.

en pleno apogeo durante su juventud — y, después, de la estética de los "nuevos poetas," ambas, cada una a su modo, decididamente formalistas. En 1917, por ejemplo, dice, comentando su primer libro, *Soledades* (1903):

> Pensaba yo que el elemento poético no era la palabra por su valor fónico, ni el color ni la línea, ni un complejo de sensaciones, sino una honda palpitación del espíritu, lo que pone el alma, si es que algo pone, o lo que dice, si es que algo dice, con voz propia, en respuesta animada con el mundo.[4]

O más adelante, en su inacabado discurso de ingreso en la Real Academia Española — discurso que empezó a preparar en 1931:

> Soy poco sensible a los primores de la forma, a la pulcritud y pulidez del lenguaje, y a todo cuanto en literatura no se recomienda por su contenido. Lo bien dicho me seduce sólo cuando dice algo interesante, y la palabra escrita me fatiga cuando no me recuerda la espontaneidad de la palabra hablada. Amo la naturaleza y el arte sólo cuando me la representa o evoca, y no siempre encontré belleza allí donde literalmente se guisa.[5]

Considerando estas declaraciones, así como el hecho de que, en efecto, la poesía de Machado es ciertamente discreta, formalmente hablando, estos críticos formulan su caracterización de este autor como poeta del siglo pasado, como si la modernidad fuese un tren al que Machado no quiso subirse las dos veces que pasó por su lado.

Esta valoración de la poesía machadiana, argumentada sin problemas aparentemente, nos deja sin embargo con una pregunta de la que no se han preocupado de responder: ¿cómo es posible que con un lenguaje que ya se quedaba anticuado el mensaje, sin embargo, tuviera plena actualidad no sólo entre sus contemporáneos, sino que la tenga también entre nosotros, hombres de finales del siglo al que estos críticos no le dejan entrar? El siempre defendido principio

---

[4] Macrí 659.
[5] Macrí 1779.

entre forma y contenido en la obra de arte es transgredido impunemente en semejante valoración de la obra de Machado.

Esta flagrante contradicción de dicho principio ha podido obrar como razón más que suficiente para que la crítica haya optado por seguir otras direcciones en la investigación de la obra de Machado. Así, se ha empezado a reparar en el hecho de que Machado volvía una y otra vez sobre composiciones ya escritas, corrigiéndolas, en busca de una expresión más depurada. La edición crítica de la obra de Machado por Oreste Macrí (1988), con su anotación sistemática de variantes, da una idea precisa de la importancia que revisten en Machado las cuestiones de expresión. Y si se trata de encontrar explícito apoyo en el mismo Machado para esta actitud, ahí está Mairena recordando las palabras de Lope: "Y ríete, Laurencio, de poeta que no borra."[6]

Por otra parte, algunos estudios estilísticos han descubierto en la poesía de Machado recursos y procedimientos que, andando el tiempo, han sido retomados y expandidos por los poetas siguientes; procedimientos que marcan líneas claves en la expresión poética de nuestra era. Ilustrativa, a este respecto es , por ejemplo, alguna de las investigaciones de Carlos Bousoño. En su libro *Teoría de la expresión poética* (1966),[7] tiene un capítulo titulado "El símbolo," en el que, tras una breve introducción sobre lo que se entiende tradicionalmente por símbolo, pasa a tratar de lo que él califica "un orden simbólico completamente diferente," escogiendo la obra de Machado para ilustrar su presentación por ser este escritor "sobre todo" donde este nuevo orden simbólico se produce inicialmente. Más adelante, en un estudio que tiene sobre el poema de Lorca "Malestar y noche."[8] se apoya Bousoño sistemáticamente en fragmentos poéticos de Machado para explicar e ilustrar los procedimientos que en una forma más compleja se registran en el poema del autor de la Generación del 27.

Descubrimientos de este tipo hacen posible hablar de Machado como de "un creador consciente — así se expresa Aurora de

---

6 *Juan de Mairena* 73.

7 *Teoría de la expresión poética*, (Madrid: Gredos, 1966) 143-81.

8 "En torno a 'Malestar y noche' de García Lorca," Varios Autores, *El comentario de texto* (Madrid: Castalia, 1973) 305-338.

Albornoz — que sabe bien que la obra de arte no se hace sólo con sentimientos sino — y sobre todo — con un lenguaje."[9] Y en efecto, si hacemos un recorrido más completo que el de los primeros críticos por las reflexiones del propio autor acerca de la poesía, descubrimos a un Machado en absoluto despreocupado por el medio material del que se hacen sus poemas:

> La materia en que las artes trabajan, sin excluir del todo a la música, pero excluyendo a la poesía, es algo no configurado por el espíritu: piedra, bronce, substancias colorantes, aire que vibra, materia bruta, en suma, de cuyas leyes que la ciencia investiga, el artista, como tal, nada entiende. También le es dado al poeta su material, el lenguaje, como al escultor el mármol o el bronce. En él ha de ver, por de pronto, lo que aún no ha recibido forma, lo que va a ser, después de su labor, sustentáculo del mundo ideal. Pero mientras el artista de otras artes comienza venciendo resistencias de la materia bruta, el poeta lucha con una nueva clase de resistencias: las que ofrecen aquellos productos espirituales, las palabras, que constituyen su material. Las palabras, a diferencia de las piedras o de las materias colorantes, o del aire en movimiento, son ya, por sí mismas, significaciones de lo humano, a las cuales a de dar el poeta nueva significación. La palabra es, en parte, valor de cambio, producto social, instrumento de objetividad (objetividad, en este caso, significa convención entre sujetos), y el poeta pretende hacer de ella medio expresivo de lo psíquico individual, objeto único, valor cualitativo. Entre la palabra usada por todos y la palabra lírica existe la misma diferencia que entre una moneda y una joya del mismo metal. El poeta hace joyel de la moneda. ¿Cómo? La respuesta es difícil. El aurífice puede deshacer la moneda y aun fundir el metal para darle después nueva forma, aunque no caprichosa y arbitraria. Pero al poeta no le es dado deshacer la moneda para labrar su joya. Su material de trabajo no es el elemento sensible en que el lenguaje se apoya (el sonido), sino aquellas significa-

---

[9] Aurora de Albornoz, prólogo, Domingo Ynduráin, *Ideas recurrentes en Antonio Machado* (Madrid: Ediciones Turner, 1975) VIII.

ciones de lo humano que la palabra, como tal, contiene. Trabaja el poeta con elementos ya estructurados por el espíritu, y aunque con ellos ha de realizar una nueva estructura, no puede desfigurarlos.[10]

Semejantes declaraciones nos hacen desconfiar de la interpretación de aquellas palabras de Machado anteriormente citadas que han sido traídas por algunos como prueba de su poca atención por la forma. Una nueva interpretación de las mismas es posible si se reconsidera el hecho — señalado antes con opuesto propósito — de la discreción formal de su poesía. Es cierto que cuando leemos a Machado lo que menos nos importa, o, dicho de otra forma, lo último en lo que nos fijamos, es la forma. Pero esto no hay que verlo, de ningún modo, como algo negativo, sino, por el contrario, como el logro indiscutible de la poesía de Machado. Lo que éste pretende es que no reparemos en el lenguaje utilizado, que no nos distraiga el procedimiento, lo que el lenguaje tiene de herramienta. La enorme preocupación machadiana por la forma radica precisamenta en no dejar que ésta se note. Blanco Aguinaga, Rodríguez Puértolas, y Zavala lo han visto con claridad:

> Asombra en Machado siempre ... la transparencia del lenguaje que, en verdad, parece no ser sino "una honda palpitación del espíritu." Grave error sería, sin embargo, no ver que ese lenguaje tan sencillo, ese lenguaje que parece siempre estar dejando paso a algo que se encuentra más allá de sí mismo, es eso, lenguaje, el instrumento preciso que con pulcra maestría juega a ser él mismo y a parecer que no existe...[11]

Cuando Machado, entonces, dice que decidió "seguir camino bien distinto" al de Rubén Darío, o cuando se declara incapaz de compartir la estética intranscendente de los nuevos poetas, lo que rechaza no es la importancia de la forma, sino, más bien, la ostentación formal, el artificio al descubirto en el que fácilmente la

---

[10] Macrí 689-90.
[11] Blanco-Aguinaga, Rodríguez-Puértolas y Zavala 241.

atención puede quedarse enredada. Y en este sentido es curioso que Machado no está muy lejos de la declaración de intenciones del propio Darío, quien nunca defendió la práctica del efecto por el efecto, y que advirtió sobre el peligro de la estética modernista de caer en la pura retórica; peligro ante el que, en mayor o menor medida, de hecho se sucumbió. La "nueva poesía," por su parte, nació con una plenamente consciente vocación formalista. Enamorados del lenguaje lo descubrían y nos lo descubrían a cada paso en un gesto distinto. Las greguerías de Ramón Gómez de la Serna, sentando en un trono a la metáfora, marcan el inicio de una exploración exhaustiva a la que va a ser sometido el lenguaje. Lo hicieron protagonista. Ortega y Gasset, en su ensayo "La deshumanización del arte" explica con una ilustrativa metáfora el quehacer poético de estos autores: el lenguaje es, según Ortega, como el cristal de una ventana. Vemos lo que hay detrás de la ventana sin reparar en el cristal. Lo que los nuevos poetas pretenden es hacernos ver el cristal. Lo de fuera pierde importancia a medida que nuestra atención se concentra en el vidrio. En la "nueva poesía" el contenido, entonces, se desvanece a favor de una forma que no quiere ir más allá de sí misma.

Será por rechazo a los extremos en que cayeron tanto el modernismo como la nueva poesía que Machado se sitúa en el polo opuesto. El fuerte énfasis en el contenido de que a veces hace gala Machado ha de entenderse y valorarse dentro del marco de referencia que incluye a estas dos corrientes poéticas. Fuera de este contexto se desvirtúa y desfigura poniéndose la propia crítica en una posición muy difícil: o Machado se contradice abiertamente, o el crítico, para escaparse de tal afirmación, se ve obligado a pasar por alto una importante parte de la obra del escritor.

Machado, resumiendo, aparece como un poeta de extraordinaria sencillez; sencillez que, lejos de ser inconsciente, es un verdadero acto de voluntad; que ha sido trabajada a pulso. Si la forma pasa facilmente inadvertida en Machado es porque éste la oculta hábilmente. Nuestro trabajo aquí va a ser reparar en ella; analizar el modo de decir machadiano reclamando la parte que le corresponde en la configuración del contenido total del mensaje. La interpenetración entre forma y contenido que formula Hemsleiv para el signo linguístico provee una magnífica plataforma de entendimiento para un caso como éste en el que la forma parece disolverse en el contenido. Como anunciábamos al principio del capítulo, nos ocuparemos aquí en particular de aquellos aspectos formales que puedan estar en relación con la impresión de sinceridad o autenticidad con que le deja al lector la obra machadiana; aspectos formales que modulan ya cada poema, ya la obra como totalidad. En este capítulo estudiaremos los primeros dejando para el capítulo siguiente los segundos.

Uno de los aspectos más importantes de la poesía machadiana en relación con el tema que nos ocupa es el hecho de que no hay nada en ella injustificado, superfluo o gratuito. Podría decirse que Machado es perfectamente consciente del peso de cada palabra; que, llegado el caso, podría responder de todas y cada una de ellas. Queremos ilustrar lo dicho con un ejemplo ciertamente revelador. Es un breve poema dedicado a Madrid, escrito al principio de la Guerra Civil. Contamos además con un texto en prosa, también de Machado, sobre el mismo tema, texto que utilizaremos como base de nuestro argumento. El poema es el siguiente:

> ¡Madrid, Madrid, qué bien tu nombre suena!
> Rompeolas de todas las Españas.
> La tierra se desgarra, el cielo truena,
> tú sonríes con plomo en las entrañas.[12]

El poema de guerra se presta con facilidad a la exageración, a la metáfora grandilocuente, a la expresión incontrolada de la emoción. El poema de Machado nos conmueve profundamente y ,quizás, es por todo lo contrario. Machado contiene , sujeta la emoción y sabe dar a Madrid por lo que es. De la justicia de cada metáfora el propio Machado se hace tácitamente responsable en el texto en prosa que antes anunciábamos y que ahora transcribimos:

> Madrid tenía ya — ¿quién puede dudarlo? — una breve y gloriosa tradición salpicada de sangre y heroísmo, su breve historia trágica, que don Francisco de Goya anotó para siempre.

---

[12] Macrí LXX.

Pero el pueblo madrileño, que no lo ignoraba, nunca se jactó de ella; en los labios madrileños, Bailén, Cádiz, Zaragoza, Gerona, eran, entre las gestas de nuestra guerra de la Independencia, tanto o más que Madrid. Cuando Madrid hace del 2 de Mayo una fiesta piadosa específicamente madrileña, quitándole la solemnidad y el atuendo de fiesta nacional, para no herir el amor propio de una nación amiga, obra en función españolísima, como capital de todas las Españas. Nosotros tendíamos a olvidar lo trágico y lo heroíco madrileño. En verdad, nos lo borraba esa jovialidad de Madrid no exenta de ironía, de apariencia frívola y desconcertante, esa gracia madrileña inasequible a los malos comediógrafos, que todo lo achabacanan, y que tan finamente han captado los buenos (Lope, Cruz, Jacinto Benavente), esa gracia cuya degradación es el chiste, y que es esencialmente un antídoto contra lo trágico y un anticipo del fracaso de lo solemne. Pero la sonrisa madrileña, levemente cínica, marcadamente irónica, es ya una sonrisa "a pesar de todo," porque en Madrid es la vida más dura que en el resto de España. Es en Madrid donde adquieren más tensión los resortes de la vida social y de la competencia en el trabajo; el lugar de los mayores afanes y de los mayores riesgos, donde , a causa de la mucha concurrencia, es más grande la soledad del individuo, donde es más ardua la empresa de salir adelante con la propia existencia y la de la prole. Hay en la sonrisa madrileña una lección de moral, de dominio del hombre sobre sí mismo, que pudiera expresarse: a mayor esfuerzo, menor jactancia.[13]

Volviendo ahora al poema no podemos menos que reconocer que, en efecto, sólo a Madrid se le puede llamar "rompeolas de todas las Españas." El último verso, que tal vez a alguno pudiera parecer algo retórico, nace en Machado, sin embargo, del convencimiento más profundo, como se desprende de este párrafo. Se deben señalar, entonces, dos hechos fundamentales que, combinados, contribuyen a crear esa impresión de verdad que caracteriza a la obra de este autor. En primer lugar, su fina y lúcida percepción de la realidad; en

---

[13] *La Guerra* 76-77.

segundo lugar, el profundo convencimiento personal de todo lo que dice, la sólida cimentación interior de cada una de sus palabras. No hay nada dicho por decir. Este rigor "hacia dentro" en la delimitación del concepto o del sentimiento, pensamos, es lo que está a la base del rigor a nivel de expresión que caracteriza a la poesía de Machado en la búsqueda de la palabra precisa.

Cada poema de Machado podría someterse a un análisis parecido. El ejemplo visto ha sido especialmente ilustrativo ya que el texto en prosa del autor funciona como una prueba irrefutable de lo que defendemos para el poema. Raras son las veces, sin embargo, en que contamos con las palabras del propio autor para el comentario de su poema. Sin que al poema le afecte en absoluto, la diferencia va a estar en que ahora el trabajo del comentario nos toca a nosotros. Como otro botón de muestra examinemos un poema al que ya nos hemos acercado anteriormente, el titulado "El viajero," incorporando al comentario del mismo iniciado más arriba, el punto de vista que ahora nos ocupa.[14]

A nivel de contenido habíamos señalado en el poema dos bloques temáticos claramente diferenciados: el de las estrofas centrales (4-8), que se refieren al viajero; y el de las estrofas periféricas (1-3 y 9), que se centran en la familia que lo recibe. A nivel formal se observan, asímismo, correspondiéndose con cada uno de estos dos bloques, dos tipos de discurso de estilo muy diferente. Empecemos por las estrofas centrales. Aquí el poeta literalmente se pregunta por el significado de aquella sonrisa triste que aparece en el rostro del hermano. Es un momento éste casi de ensoñación. El poeta, abstraído de la reunión familiar, merodea con su imaginación el paisaje emocional que se insinúa en la sonrisa del hermano. Desde el punto de vista formal se puede empezar hablando de esa larga serie de preguntas retóricas con que se inicia el fragmento y que se extiende hasta un poco más de la mitad del mismo. Veamos cuál pueda ser el sentido o el efecto de una organización semejante del discurso. Cada pregunta formulada está creando el espacio temporal indeterminado de una respuesta. Cuando al final del poema el poeta nos hace regresar a la sala familiar y hace una alusión al tiempo que

---

[14] Texto del poema en pp. 42-43.

ha ocupado la reflexión sobre el viajero (v. 29: "Serio retrato en la pared clarea / todavía"), por un momento nosotros, lectores, dudamos de cual haya sido el tiempo real consumido en la lectura del poema. Cada una de estas preguntas sin respuesta posee en potencia todas las respuesta posibles, y, con ellas, el tiempo necesario para pensarlas.

Por otra parte, la pregunta retórica nos sitúa en un clima poético acusadamente consciente de sí mismo. En el ejercicio de esta función las preguntas retóricas no se encuentran solas. En la misma dirección apunta el sentido de otros procedimientos formales detectados en un análisis de unidades más pequeñas. Entre ellos destacamos aquí el uso de la aliteración, que dota al verso de una especial sonoridad:"¿Floridos desengaños / dorados por la tarde que declina?"(vv. 14-15), "¿Sonríe al sol de oro de / la tierra de un sueño no encontrada / y ve su nave hender el mar sonoro..."(vv.21-23); la repetición de palabras dentro de una misma frase: "¿Ansias de vida nueva en nuevos años?"(v.16); el utilizar una palabra de una frase como motivo principal de la siguiente, ya sea pronunciándola otra vez o no: "¿Lamentará la juventud perdida? / Lejos quedó — la pobre loba — muerta / ¿La blanca juventud, nunca vivida, / teme que ha de cantar ante su puerta?(vv.17-20); el cargar al nombre con un conjunto de modificadores que pesa más que él: "de viento y luz la blanca vela hinchada"(v.24), "sol de oro de / la tierra de un sueño no encontrada"(vv.21-22), a lo que eventualmente se puede añadir, como en el último ejemplo, la repetición de la misma preposición; y, por último, la enumeración, con elementos que tienen zonas de intersección en sus espectros significativos: "Él ha visto las hojas otoñales / amarillas, rodar, las olorosas / ramas del eucalipto, los rosales / que enseñan otra vez sus blancas rosas... (vv.25-28), donde las "hojas otoñales" y las "blancas rosas," símbolos del acabamiento y del empezar, respectivamente, son a su vez, ambos, símbolos de la temporalidad.

Todos estos recursos formales, al igual que la pregunta retórica son muy elementales: son fáciles de hacer y fáciles de detectar. De hecho, el lector, cuando entra en este fragmento advierte un notable cambio de tono poético: le resulta éste un tanto más convencional, más típico, o, si se quiere, más tópico. Casi desconocemos a Machado. Sin embargo, la retórica de este fragmento se justifica plenamente en una consideración del poema como totalidad. Decíamos que estas estrofas centrales se refieren a un momento casi de ensoñación. Lo que desde el punto de vista formal se ha buscado es crear un tono poético adecuado a semejante experiencia.

Si analizamos ahora el estilo de las estrofas periféricas vemos que la expresión es mucho más austera y precisa. En el adjetivo predomina una función restrictiva, delimitando certeramente las coordenadas situacionales del nombre modificado. Véase, por ejemplo, la primera estrofa, donde cuatro adjetivos, como cuatro pinceladas, caracterizan con toda precisión la situación presentada: la sala que recibe al hermano "sombría," el hermano "querido," el día de la partida "claro," el país al que se fue "lejano." Las palabras apuntan abiertamente a lo que quieren, sin nada que las cubra o disimule, cogiéndonos desprevenidos. Palabras tan gastadas como, por ejemplo, "tristeza"(v.31) o "querido"(v.2) recuperan desde esta desnudez en que se presentan la plenitud de su poder expresivo. La última estrofa es la quintaesencia de todo lo dicho. La expresión no puede ser más directa, más limpia. Cuatro frases yuxtapuestas la componen. Los cortes entre ellas nítidos debido a la ausencia de nexos. Cada frase emana clara, concisa, desde el centro de sí misma, convergiendo todas en el mismo punto al final de su recorrido. Y de nuevo aquí, la forma de decir las cosas está estrechamente relacionada con lo que se dice. Lo directo en la expresión corresponde al modo mismo en que el poeta hace cara a su propio sentimiento. Nadie pretende escaparse, distraerse de la situación que están viviendo. Ni encendiendo las luces, ni hablando de cualquier cosa. La familia no hace preguntas cuya respuesta dolorosa adivina. El viajero, por su parte, no trata de esconderse tampoco tras una conversación superficial. Es así como llegamos a ese silencio activo declarado en el "Todos callamos" final del que todos son cómplices. La decisión , la seguridad del lenguaje utilizado sintoniza perfectamente con esta valentía en el modo de enfrentarse a la realidad.

Por otra parte, se puede señalar para este poema lo mismo que destacábamos en el poema anterior: la necesidad, la justificación de cada palabra de cada motivo introducido. Volvamos a fijarnos en la última estrofa: "Serio retrato en la pared clarea / todavía." Con esta frase volvemos a la sala familiar, a la luz del atardecer que está a punto de extinguirse. La descripción de la naturaleza en la tercera estrofa, que en principio pudiera parecer ornamental, se hace ahora esencial. El poema empezó en la luz lánguida del atardecer y termina en la penumbra de la noche inminente. Se ha creado la ilusión de un tiempo transcurrido: el tiempo que está durando esa reunión familiar. La reflexión sobre el viajero no queda, entonces, suspendida en un vacío intemporal, sino que toma cuerpo en la existencia finita de aquellos en quienes se produce. Vivencia de la temporalidad que, dos versos más abajo, con el "tic-tac- del reloj" de que se viste el silencio, se hace plena consciencia. Y otra vez aquí, lo que nos interesa señalar es la razón de estar del motivo introducido. Como en el caso de la descripción de la naturaleza, aquí el motivo del reloj, lejos de ser decorativo, se encuentra profundamente determinado por el movimiento mismo del poema.

Estos aspectos formales destacados — la estrecha relación entre forma y contenido, y la profunda justificación de cada elemento del poema — pensamos que juegan un papel muy importante en la credibilidad que nos inspira la obra machadiana. Hemos analizado sólo dos poemas pero, como decíamos al empezar el comentario del segundo, cada poema machadiano es susceptible de un análisis parecido. Hemos abordado el problema de la autenticidad de la obra machadiana desde el punto de vista del lector : desde su capacidad de creer en ella y por qué. Si este por qué descubierto se considera ahora en relación al autor, o mejor dicho, a lo que la obra nos deja saber de su autor, tenemos que volver a los planteamientos iniciales de este libro donde defendemos el comportamiento ético de la obra machadiana. El deseo de encontrar la expresión más justa, el convencimiento de cada palabra que se escribe y, como consecuencia, la eliminación de todo lo superfluo o innecesario, son decisiones que arrancan de una honestidad radical de Machado para consigo mismo y para los demás.

6
Autenticidad.
Consideraciones formales de
conjunto sobre la obra machadiana

LOS CONCEPTOS DE "PARTE" y de "todo" son muy relativos. Un poema puede considerarse como un todo y al mismo tiempo como parte del todo que puede ser un libro de versos. A su vez el libro puede considerarse como parte de la obra de un autor que tenga varios libros de poesía. Y la obra poética, parte de la obra total literaria que, por ejemplo, se componga además de prosa. Un poema, en tanto se constituye como una unidad, como un todo, no necesita del entorno para hacerse valer, para la expansión de su energía más íntima. Sin embargo, el privarlo del entorno en el que está situado — por ejemplo, el libro al que pertenece — significaría asimismo privarlo de una dimensión a la que tiene perfecto derecho: la que le viene de la posición que ocupa en ese todo. Es por esto que queremos acercarnos a la obra machadiana considerada en su totalidad. Cada elemento de ella, desde el más sencillo al más complejo, se encuentra formando parte de un sistema de relaciones que los abarca a todos. En este libro, como declarábamos en las páginas iniciales, nos interesamos sólo por la poesía. Pero para una valoración de la misma que pretenda hacerle justicia pensamos que no se puede prescindir del hecho de que al lado de esta poesía hay una prosa de equiparable calidad y extensión. Intentaremos, pues, en este capítulo una visión de conjunto de la obra machadiana con el propósito de ver los distintos elementos que la componen en interacción. Y de esta interacción nuestro interés se centrará en cuestiones de forma. Este capítulo continúa con las directrices marcadas en el capítulo anterior. La única diferencia está en el objeto tomado para el análisis. Más que aspectos formales de cada elemento en sí, se verán aquí aspectos formales de las relaciones entre los distintos elementos. Seguimos, sin embargo, ocupándonos sólo de esa parte significativa de la forma — la "substancia de la expresión," en la terminología de Hemsleiv — que postulamos responsable en cierta medida del juicio que emitimos sobre la autenticidad de la obra machadiana.

Desde el punto de vista que ahora nos ocupa lo primero que se impone señalar sobre la obra de Machado es la fuerte coherencia interna que la recorre desde la primera palabra escrita hasta la última. De Machado se puede decir que termina con lo que empieza, que no ha abandonado ni cambiado nada en el camino. Es un caso insobornable de fidelidad a sí mismo. Todo esto no significa, de ningún modo estatismo. El movimiento de Machado es un movimiento en espiral: sin perder jamás su centro, a cada vuelta se enriquece más en madurez y en hondura. Esos ya tan mencionados versos del poema "Retrato," donde el poeta se imagina a sí mismo "ligero de equipaje"[1] a la hora de emprender el viaje definitivo, nos emocionan por la justicia que le hacen. El poeta, en verdad, se va como ha venido, sin apropiarse de nada que no trajese ya. Lo que pertenece a uno mismo, en efecto, no hay que llevarlo, viene solo. Sólo lo de los otros es lo que pesa, lo que hay que cargárselo encima para que venga. La palabra de Machado suena siempre segura, convencida, como salida de una zona muy íntima de donde emanasen las más profundas certezas.

Expresado en estos términos, encontramos que el propio Machado nos provee de una teoría que puede explicar su propio caso. Nos referimos a su reflexiones acerca de cuál sea la fundamentación última de las ideas. Aquí Machado, al tiempo que descubre el mundo inextricable de las creencias, advierte sobre las limitaciones de la razón. Ésta, según Machado, no tiene explicación para el axioma primero sobre el que, a fin de cuentas, siempre está montada. Machado lo explica como sigue:

---

[1] *Campos de Castilla* XCVII,vv. 33-36:
Y cuando llegue el día del último viaje,
y esté al partir la nave que nunca ha de tornar,
me encontraréis a bordo ligero de equipaje,
casi desnudo, como los hijos de la mar.

Cuanto subsiste, si algo subsiste, tras el análisis exhaustivo, o que pretende serlo, de la razón, nos descubre esa zona fatal a la que el hombre de algún modo presta su asentimiento. Es la zona de la creencia, luminosa u opaca — tan creencia es el sí como el no — donde habría que buscar, según mi maestro, el imán de nuestra conducta.[2]

A esa zona de la conciencia nos remitimos para explicar el caso de la asombrosa coherencia y firmeza de la obra machadiana. De este autor podría postularse que la fuerza de su palabra radica en el hecho de que jamás pierde de vista esa zona de sí mismo donde se alojan las creencias. Su forma de enfrentarse a la realidad despliega un recorrido hacia atrás que inexorablemente nos conduce hasta allí.

Veamos ahora algunas manifestaciones concretas de la obra machadiana que contribuyen a la nota de coherencia con que la hemos calificado. En primer lugar queremos reparar en la relación entre Machado y los filósofos que lee, o , con más exactitud, en el uso particular que hace Machado de estos filósofos. Atento a la evolución del pensamiento que le es contemporáneo, Machado asiste al nacimiento y desarrollo de tres importantes movimientos filosóficos: el intuicionismo, con Bergson a la cabeza; la fenomenología de Husserl; y el existencialismo de Heidegger y Scheler. Se ha hablado a menudo de influencia de estos filósofos sobre Machado, favorecida esta afirmación por las explícitas menciones que de ellos hace Machado al hilo de su propio discurrir filosófico. El caracter de esta influencia, sin embargo, debe matizarse muy bien. Machado se acerca a estos filósofos cargado de antemano con sus propias intuiciones. Lo que encuentra en ellos, para asombro suyo, es una formulación de las mismas. Lo que él ya había expresado poéticamente lo encuentra ahora explicitado en el discurso de los filósofos europeos. Machado no incorpora nada de ellos que no tuviera ya. Cerezo Galán, cuando comenta una prosa de Machado en la que éste menciona a Heidegger a propósito del tema del tiempo, ha descrito en términos similares la relación de Machado con el filósofo alemán:

---

[2] *La Guerra* 121.

Pero no, Antonio Machado no lo ha aprendido de Heidegger. Muy joven, en la voz estremecida y melancólica de *Soledades*, se sentía ya "metafísicamente cercado por el tiempo." La canción del alma en sombra, en la tarde de julio — íntima melodía de su alma — no es más que la sombría canción del tiempo (XIII). Y la conciencia de caminante, que se para a contemplar su sendero, no es otra cosa que el reconocimiento de su propia temporalidad, con la muerte al fondo, como una luz lívida que ilumina la andadura (XXXV).

Y más tarde, cuando se ahonda su meditación, según pasan los años, Abel Martín con su metafísica de poeta vendrá a reconciliarse con el tiempo y Mairena se llamará a sí mismo "poeta del tiempo," reconociéndose en la voz más primitiva y originaria de Machado.[3]

Más que de influencia de los filósofos europeos sobre Machado habría que hablar, entonces, de coincidencia o de contacto. Sus originales preocupaciones filosóficas, sus intuiciones más queridas, se confirman, se formulan en los filósofos que lee más tarde. Lo que nos interesa señalar aquí al presentar el caso concreto de la relación entre Machado y estos filósofos, es, como decíamos más arriba, la honda raíz en aquél de sus motivos de reflexión o de poesía, sin dejar nada al accidente o a la moda.

Otro aspecto de la obra machadiana que queremos destacar, restringiéndonos ahora a la obra poética, es el de las frecuentes y estrechas relaciones entre unos poemas y otros. A este respecto se podría hablar de redes poemáticas: un poema nos lleva a otro y éste, a su vez, pone de manifiesto la posibilidad de una nueva relación para el primero. Finas redes entretejidas en todas las posibles direcciones formando un complejo entramado de distintas profundidades. Angel González ha apuntado el carácter dinámico de esta relaciones:

La obra en verso forma un conjunto — en el sentido estructura-

---

[3] Cerezo Galán 49.

lista — que es algo más que la suma de sus partes: un verdadero sistema en el que cada poema, con pocas excepciones, modifica a los restantes y es alterado por ellos.[4]

Este mismo crítico ha señalado, en consecuencia con el planteamiento de esta cita, el carácter dialéctico que presenta la evolución de la obra de Machado.[5] Para ilustrarlo ha elegido un elemento muy importante de la poética machadiana, la ensoñación — tanto como motivo como procedimiento de creación — y lo ha seguido a lo largo de poemas de distintas épocas. Su análisis, en efecto, acaba por demostrar la admirable coherencia, desde la misma diferencia de sus partes, que caracteriza a la obra machadiana.

Situándonos a otro nivel de análisis nos gustaría examinar aquí el funcionamiento de un poema concreto en lo que se refiere al tema de su relación con los otros. Para ello hemos elegido el poema número CXXVII de *Campos de Castilla*, titulado "Otro viaje." Lo reproducimos a continuación:

> Ya en los campos de Jaén,
> amanece. Corre el tren
> por sus brillantes rieles,
> devorando matorrales,
> alcaceles,
> terraplenes,pedregales,
> olivares, caseríos,
> praderas y cardizales,
> montes y valles sombríos.
> Tras la turbia ventanilla, pasa la devanadera
> del campo de primavera.
> La luz en el techo brilla
> de mi vagón de tercera.
> Entre nubarrones blancos,
> oro y grana;

---

[4] González, *Antología* 22.

[5] Angel González, "Afirmación, negación y síntesis: coherencia del proceso creativo de Machado," *Aproximaciones a Antonio Machado* (México, UNAM) 145-174.

la niebla de la mañana
huyendo por los barrancos.
¡Este insomne sueño mío!
¡Este frío
de un amanecer en vela!...
Resonante
jadeante,
marcha el tren. El campo vuela.
Enfrente de mí, un señor
sobre su manta dormido;
un fraile y un cazador
— el perro a sus pies tendido —.
Yo contemplo mi equipaje,
mi viejo saco de cuero;
y recuerdo otro viaje
hacia las tierras del Duero.
Otro viaje de ayer
por la tierra castellana
— ¡pinos del amanecer
entre Almazán y Quintana! —
¡Y alegría
de un viajar en companía!
¡Y la unión
que ha roto la muerte un día!
¡Mano fría
que aprietas mi corazón!
Tren, camina, silba, humea,
acarrea
tu ejército de vagones,
ajetrea
maletas y corazones.
Soledad,
sequedad.
Tan pobre me estoy quedando
que ya ni siquiera estoy
conmigo, ni sé si voy
conmigo a solas viajando.

Por lo que se deduce del texto mismo es un poema escrito después de la muerte de Leonor y del traslado del poeta a Andalucía. Es un poema amoroso donde se canta — o se llora — la ausencia de la amada. Con la herida aun fresca, el poeta, sin embargo, no se abandona a la tristeza. La vida continúa y él tiene que seguir en ella. El tren, motivo quizás real del poema, adquiere al final una indiscutible dimensión simbólica. A pesar de su dolor, de su postración, Machado está en el tren: el tren de la vida, del que uno, por más que el viaje sea difícil, no se puede bajar y mirarlo pasar. Sintiéndose abandonado hasta de sí mismo, como dice en la última estrofa, sigue adelante tragándose las lágrimas, disimulando, con el ruido del tren, el quiebro de su voz. Esta entereza en la actitud de Machado al hacer frente a su propio dolor nos pone inmediatamente en conexión con un poema que ya hemos comentado anteriormente, el que empieza: "¿Por qué, decisme, hacia los altos llanos ..." La situación que presenta este segundo poema es algo distinta, ya que el dolor es más viejo, pero la actitud sigue siendo la misma: la entereza ante la ausencia de la amada. En "¿Por qué, decisme...," la distancia le permite al poeta, como decíamos anteriormente, vislumbrar su alegría del ayer y su tristeza presente en la misma línea del horizonte y las reconoce a las dos como suyas, negándose a perderse en ninguna de ellas. En la misma dirección, otro poema con el que se establece una conexión es el primero del libro *Soledades*, "El viajero," al que también nos hemos acercado anteriormente. En ese viajero cuyo "dolor que añora o desconfía / el temblor de una lágrima reprime / y un gesto de viril hipocresía / en el semblante pálido se imprime," reconocemos a este poeta que, con todo su dolor acuestas, va en el tren sin perder la compostura. Más allá de lo puramente anecdótico de la conexión, lo que se revela aquí es la fuerte similitud en ambos poemas en la forma de tratar el propio sentimiento.

Por otra parte, contamos con otro poema de viaje, también en tren, en una relación de complementariedad con el que aquí hemos visto: lo que uno niega lo afirma el otro en consonancia con dos momentos vitales contrapuestos en que han sido engendrados. El poema de que hablamos es el titulado "El tren," número CX en *Campos de Castilla*. Dice así:

Yo, para todo viaje
— siempre sobre la madera
de mi vagón de tercera —,
    voy ligero de equipaje.
Si es de noche, porque no
acostumbro a dormir yo,
y de día, por mirar
los arbolitos pasar,
yo nunca duermo en el tren,
y, sin embargo, voy bien.
¡Este placer de alejarse!
Londres, Madrid, Ponferrada,
tan lindos ... para marcharse.
Lo molesto es la llegada.
Luego, el tren, el caminar,
siempre nos hace soñar;
y casi, casi olvidamos
el jamelgo que montamos.
¡Oh, el pollino
que sabe bien el camino!
¿Dónde estamos?
¡Frente a mí va una monjita
tan bonita!
Tiene esa expresión serena
que a la pena
da una esperanza infinita.
Y yo pienso: Tú eres buena;
porque diste tus amores
a Jesús; porque no quieres
ser madre de pecadores
Mas tú eres
maternal,
bendita entre las mujeres,
madrecita virginal.
Algo en tu rostro es divino
bajo tus cofias de lino.
Tus mejillas
— esas rosas amarillas —

fueron rosadas, y, luego,
ardió en tus entrañas fuego;
y hoy, esposa de la cruz,
ya eres luz, y sólo luz...
¡Todas las mujeres bellas
fueran, como tú, doncellas
en un convento a encerrarse!...
¡Y la niña que yo quiero,
ay, preferirá casarse
con un mocito barbero!
El tren camina y camina
y tose con tos ferina.
¡Vamos en una centella!

En este viaje, el poeta está plenamente integrado en el momento que vive. No quiere dormir para no perderse el paisaje; su mirada se detiene interesada en el compañero de viaje, hasta el punto de inventarle una historia de la que él mismo no quiere quedarse al margen. El poema anterior es el contrapunto de éste: el poeta se queja de su falta de sueño, funcionando éste como una vía de escape; el paisaje pasa vertiginoso ante una mirada que no busca nada; los compañeros de viaje nos son dados sin rostro. Al final la soledad es doble: el abandono de Leonor y el abandono del propio yo que no es capaz de integrarse, todavía postrado y prendido a la memoria de Leonor. Estos dos poemas comparados, uno se constituye como el reverso del otro y viceversa.

Aunque sin pretender agotar aquí todas las posibles relaciones en que queda entretejido el poema que nos ha servido de ejemplo, pensamos que este análisis puede dar una clara idea de eso que hemos denominado anteriormente como redes poemáticas para referirnos a la relación que se establece entre unos poemas y otros en la poesía de Machado.

Por último, en relación con la característica de autenticidad con que hemos calificado la obra de Machado, vamos a detenernos en un hecho de superficie que ha sido objeto de diversas interpretaciones: nos referimos a la distribución en el tiempo de las dos más importantes manifestaciones de su arte lierario: la poesía y la prosa. La poesía ocupa predominantemente una primera etapa de la carrera literaria de Machado; y la prosa, de carácter filosófico y ensayístico, la segunda. Aunque no faltan nunca las intromisiones mutuas, la separación entre ambas está completamente clara constituyendo un caso curioso de incompatibilidad: primero se da una y luego la otra, pero sin que ninguna de ellas suponga una negación o invalidación de la otra, sino todo lo contrario. La transición entre una y otra no se produce de golpe. Hay toda una serie de poemas, ya desde *Campos de Castilla*, que apuntan en una dirección mucho más filosófica que poética: la meditación, la reflexión quintaesenciada le arrebata el espacio a la vivencia; el poeta no intenta aquí una comunicación a través del sentimiento, sino a través del concepto. Los poemas a que nos referimos son los agrupados bajo el título de "Proverbios y Cantares" tanto en el libro citado como en *Nuevas Canciones*, y los que pertenecen a los cancioneros de Abel Martín y Juan de Mairena, poemas estos últimos compuestos en función ilustrativa de sus respectivas filosofías. Incluso esas tardías "Canciones a Guiomar" de tema amoroso son fuertemente conceptuales; nada "comprometedoras," diríamos, si tuviéramos que responder a lo que ha querido ver en ellas Concha Espina.[6] Todos estos poemas nos anuncian el camino, o alguno de ellos lo comparte ya, de esa prosa reflexiva a que se dedica Machado en los últimos años.

Esta dualidad creativa excluyente, a pesar de la transición que suaviza la ruptura entre sus dos momentos, no deja de ser asombrosa: un poeta magnífico renuncia a la palabra poética y continúa su obra por un camino bien distinto. La crítica se ha pronunciado en ocasiones diciendo que Machado se agotó como poeta; que la fuente misteriosa de donde mana la poesía se secó para él.[7] Dicha opinión se basa en las palabras del mismo poeta y se cita, entre otros, el poema titulado "A Xavier Valcarce" (CXLI, en *Campos de Castilla*), donde dice:

---

[6] Concha Espina, *De Antonio Machado a su grande y secreto amor* (Gráficas reunidas: Madrid,1950)

[7] Véase, por ejemplo, Dámaso Alonso, *Cuatro poetas españoles. Garcilaso. Góngora. Maragall. Antonio Machado.* (Madrid: Gredos, 1962) 150- 55.

Valcarce, dulce amigo, si tuviera
la voz que tuve antaño, cantaría
el intermedio de tu primavera
— porque aprendiz he sido de ruiseñor un día —
....
Mas hoy ... ¿será porque el enigma grave
me tentó en la desierta galería,
y abrí con una diminuta llave
el ventanal del fondo que da a la mar sombría?
¿Será porque se ha ido
quien asentó mis pasos en la tierra
y en este nuevo ejido
sin rubia mies, la soledad me aterra?
No sé, Valcarce, mas cantar no puedo...

La muerte de la esposa, la acusada vocación filosófica del poeta pudieron contribuir, en efecto, al abandono de la poesía. No pensamos sin embargo, que puedan ser del todo explicativas. Por otra parte, nos cuesta aceptar la idea de un poeta agotado, ya que esto implicaría, asímismo, una descalificación de su poética a la que automáticamente se consideraría incapaz de ofrecer soluciones de continuidad, lo cual, como vimos anteriormente, queda desmentido en el quehacer poético de autores posteriores.[8] A esto se puede añadir el hecho de que la poesía que todavía escribe el poeta después del poema citado no da ningún síntoma de tal agotamiento. Es por todo ello que queremos traer a consideración otros factores, en un intento de contribuir a la clarificación del problema planteado.

Lo primero sobre lo que nos interesa llamar la atención es sobre cómo Machado entiende las relaciones entre literatura y política. En *Juan de Mairena*, dirigiéndose a los jóvenes, dice al respecto:

Sólo me atrevo a aconsejaros que la hagáis [la política] a cara descubierta; en el peor de los casos con máscara política, sin disfraz de otra cosa; por ejemplo: de literatura, de filosofía, de religión. Porque de otro modo contribuiréis a degradar activi-

---

[8] 90.

dades tan excelentes, por lo menos, como la política, y a enturbiar la política de tal suerte que ya no podamos entendernos nunca.[9]

Al igual que los modernistas, al igual que los "nuevos poetas," Machado se decanta por una separación tajante entre literatura y política. La diferencia con ellos está, sin embargo, en la respetuosa actitud de Machado hacia la política. Estamos acostumbrados a la otra versión, a la que rechaza el contacto entre política y literatura desde un planteamiento en el que lo único que importa es la literatura, sin preocuparse de cuál pudieran ser para la política los resultados de la intromisión. Con este importante giro en el punto de mira de la cuestión muy lejos está Machado — lo que no se puede decir del modernismo y de la nueva poesía — del apoliticismo, por una parte, y del escapismo en literatura, por otra. La política es para Machado una actividad importantísima "de vida o muerte," dirá en plena Guerra Civil:

Yo siento mucho no haber meditado bastante sobre política. Pertenezco a una generación que se llamó a sí misma apolítica, que cometió el grave error de no ver sino un aspecto negativo de la política, de ignorar que la política podía ser algún día una actividad esencialísima, de vida o muerte, para nuestra patria.[10]

La palabra política recupera en Machado el significado con que operaba entre los griegos: el hombre es un ser político: *politikon*, porque vive en la *polis*; esto es, vive en comunidad con otros hombres y, por lo tanto, nada de lo que forma parte de su convivencia con los demás puede serle ajeno. La política, para Machado, lejos de ser una actividad exclusiva de los políticos, tal y como hoy entendemos esta palabra, es una actividad de todos. Desde estos supuestos difícilmente se justifica una literatura de evasión; una literatura que se sustraiga a la problemática vital del hombre de su época; problemática que se constituye precisamente en la conviven-

---

[9] *Juan de Mairena* 109.
[10] *La Guerra* 289.

cia con los otros, en su dimensión política. En una crítica que en cierta ocasión hace del Modernismo, Machado lo expresa con claridad:

Pero también, en cierta zona literaria, noto un cierto hedor de cosmético que recuerda los cabarets de Montmartre, los cuadros de Anglada y los versos de Rubén Darío, aquel gran poeta y gran corruptor. Un arte recargado de sensación me parece hoy un tanto inoportuno. Todo tiene su época. Necesitamos finos aires de sierra; no perfumes narcóticos. Porque es preciso madrugar para el trabajo y para la casa.[11]

Literatura comprometida con su época sí, es la propuesta machadiana, pero sin perder nunca su propio centro — como veíamos más arriba — invadiendo terrenos que no son suyos. El arte literario, como todas las artes, no puede señalar directamente, ni exhibir un ideario político, ni proponer un programa de acción, entre otras cosas. Pero qué pasa, se puede preguntar uno, si la época necesita de una acción inmediata, si urge que las cosa se digan con la mayor claridad. Éste es, precisamente, el caso con el que se encontró Machado. Fuertes tensiones políticas y sociales se arrastran a lo largo de varios años sin encontrar solución, agudizándose con el tiempo, hasta desembocar en una guerra civil de tres años. "Todo tiene su época," dice Machado hablando del estilo en el arte. Lo que parece que no encuentra Machado, sin embargo, — y así interpretamos su silencio poético de los últimos años — es el estilo que le vaya a esa época. Se diría que Machado, profundamente preocupado por la realidad del país, acuciado por la urgencia de la situación, no puede permitirse el lujo del arte y se dedica a una prosa en la que verter sus reflexiones y que, llegada la Guerra Civil, se convierte en el arma que empuña para defender la causa que cree más justa. En una carta de febrero de 1938 dirigida al comamandante Carlos J. Contreras, plenamente consciente del caracter combativo de su escritura, dice Machado:

---

[11] Macrí 1706.

Es para mí un gran consuelo y una plena satisfacción el acompañarlo con la pluma, ya que mi espada se melló hace tiempo y de nada serviría en la actual contienda.[12]

No queremos pensar, entonces, en Machado, como un poeta agotado. Son las duras circunstancias por las que atravesaba España un factor a tener en consideración a la hora de interpretar su abandono de la palabra poética. Que los tiempos, para él personalmente, no estaban para poesía, lo expresa Machado abiertamente en una breve nota que acompaña cuatro poemas suyos dirigida a Juan José Domenchina:

Le envío estos cuatro sonetos de circunstancias que quisieran estar a la altura de las circunstancias. Creo que dentro del molde barroco del soneto contienen alguna emoción que no suelen tener los sonetos. De todos modos, en estos momentos de angustia en que la verdad se come al arte, no es fácil hacer otra cosa.[13]

Esto no significa, sin embargo, que Machado abandonara su vocación de poeta. Cuenta José Machado que pocos días antes de su muerte, dando un paseo por la playa de Colliure, el pueblo francés que los acogió en su exilio, Antonio Machado exclamó:

¡Quién pudiera quedarse aquí en la casita de algún pescador y ver desde una ventana el mar, ya sin más preocupaciones que trabajar en el arte![14]

No hay tal abandono de la poesía por Machado, ni tal agotamiento poético, sino, tal y como él lo ve, tan sólo un aplazamiento debido a las difíciles circunstancias por las que atravesaba España. Como de "aesthetic truthfulness" (veracidad estética) ha calificado Alan S. Trueblood esta desigual distribución de la obra poética

---

[12] *La Guerra* 331.
[13] *La Guerra* 332.
[14] *La Guerra* 375.

machadiana:

> The truthfulness is, in the first place, asthetic: sobriety of
> expression; a preference, especially in later years, for long
> intervals of meditative silence over writing variations of himself
> out of some dubious need of the man of letters to remain in
> public eye.[15]

La veracidad es, en primer lugar, estética: sobriedad de expre-
sión; preferencia, especialmente en los últimos años, por largos
intervalos de silencio meditabundo en vez de seguir escribiendo
variaciones de sí mismo para satisfacer la sospechosa necesidad
del hombre de letras de seguir estando considerado por la
opinión pública.

Habíamos visto en el capítulo anterior, analizando algún poema
en particular, la necesidad, la justificación de cada uno de sus
elementos, y desde ahí contribuíamos a la explicación de por qué
nos creemos lo que Machado dice, de la autenticidad de su obra. En
este capítulo, teniendo como objeto de estudio las evoluciones de la
obra machadiana como cuerpo único, hemos intentado demostrar de
nuevo la profunda justificación y necesidad del movimiento
observado en ella.

---

[15] Trueblood 66.

Epílogo.
De un fin de siglo a otro:
la vigencia de la poética
de Antonio Machado

NO SON POCOS LOS CASOS en los que el creador se para a contemplar su propia obra y reflexiona sobre el sentido de la misma. Cómo escribe uno, se pregunta el escritor, por qué, para qué, a dónde quiere llegar. Es un tratar de explicarse a sí mismo lo que ya está hecho o lo que va a venir. La obra perdura en el tiempo o sucumbe, al margen o a pesar de las explicaciones, tiene una vida propia, a la que la reflexión, a posteriori o a priori, que sobre ella hace el autor verdaderamente no afecta. Para el crítico o para el simple lector, sin embargo, esta actitud reflexiva del autor es de gran interés, porque lo sitúa junto a ellos, del otro lado de la obra, tratando de alguna manera de explicarla. Son reflexiones que el crítico atesora, especialmente cuando el autor ya no es contemporáneo y no se cuenta con la posibilidad de un diálogo. Hay que decir, no obstante, que no siempre los comentarios que un autor hace de su obra son los más acertados. Baste como ejemplo uno de los escritores más reconocidos de nuestra literatura: Cervantes. Él empezó el *Quijote* con la idea de que fuera una parodia de los libros de caballerías. Esta novela fue mucho más que eso, mucho más de lo que él jamás se imaginara. Animado por el éxito de su obra maestra, se dispuso a escribir otra novela, ahora en serio, el *Persiles*, pensando que iba a superar con creces a la anterior y que con ésta última se ganaría sin discusión un lugar privilegiado en el mundo de las letras españolas. Se equivocó, y con mucho. El *Persiles*, a pesar de ser una novela bien escrita, no deja de ser una novela más de su época.

¿Qué nos reserva Machado a este respecto? Machado, poeta filósofo y filósofo poeta, como decíamos en el primer capítulo, no podía dejar pasar por alto la necesaria reflexión sobre su trabajo. En su primer libro *Soledades, galerías y otros poemas*, ese libro intimista, volcado hacia dentro, hacia la exploración de los recovecos y galerías de su alma, un libro que es un ir y venir dentro de sí mismo en un gran esfuerzo por desentrañarse, encontramos a menudo a Machado interesado también en descubrir y formular las claves de su poética. Hemos seleccionado para nuestra discusión tres poemas de este libro, en los que aparece una de las metáforas predilectas —recurrentes— de Machado: la de la colmena y el trabajo de las abejas, para representar el corazón y el trabajo del poeta. Son los poemas LIX, LXI y LXXXVI de la edición de Macrí: "Anoche cuando dormía...," "Leyendo un claro día..." y "Eran ayer mis dolores...." Empecemos por el primero:

> Anoche cuando dormía
> soñé, ¡bendita ilusión!,
> que una fontana fluía
> dentro de mi corazón.
> Di, ¿por qué acequia escondida,
> agua, vienes hasta mí,
> manantial de nueva vida
> en donde nunca bebí?
> Anoche cuando dormía
> soñé, ¡bendita ilusión!,
> que una colmena tenía
> dentro de mi corazón;
> y las doradas abejas
> iban fabricando en él,
> con las amarguras viejas
> blanca cera y dulce miel.
> Anoche cuando dormía
> soñé, ¡bendita ilusión!
> que un ardiente sol lucía
> dentro de mi corazón.
> Era ardiente porque daba
> calores de rojo hogar

y era sol porque alumbraba
y porque hacía llorar.
Anoche cuando dormía
soñé, ¡bendita ilusión!
que era Dios lo que tenía
dentro de mi corazón.

Es éste un poema de lo que siente el poeta como sus carencias y al mismo tiempo un poema de la expresión de sus deseos más hondos. Empezando por el final, el deseo de Dios, quizás el más inasequible de todos para un Machado a quien el ejercicio de la razón lo aleja de él irremediablemente. El conflicto entre la razón y el sentimiento es de difícil solución en Machado: la razón va por un lado y el corazón por otro. De la misma forma tampoco se resolverá o se colmará el deseo de Dios. Éste es un tema que reaparece a menudo, cargado de melancolía, como en los siguientes versos:

Como perro olvidado que no tiene
huella ni olfato y yerra
por los caminos, sin camino, como
el niño que en la noche de una fiesta
    se pierde entre el gentío
y el aire polvoriento y las candelas
chispeantes, atónito, y asombra
su corazón de música y de pena,
    así voy yo, borracho melancólico,
guitarrista lunático, poeta,
y pobre hombre en sueños,
siempre buscando a Dios entre la niebla.[1]

o en ya el límite de la frustración :

        ¡[...] razón y locura
        y amargura
        de querer y no poder

---

[1] *Galerías*, LXXVII, II

creer, creer y creer![2]

Regresando al poema "Anoche cuando dormía...," la primera estrofa del poema se recrea en una de las figuras de la poesía lírica de tipo tradicional: el agua como símbolo de la vida. Es uno de los motivos que aparece y reaparece con insistencia en la poesía machadiana: la fuente sonora, que guarda en su canto o su cuento, inescrutable, el secreto de la vida. Y el poeta a la escucha siempre, empeñado en descifrarlo. Posiblemente de su tío, Agustín Durán, notable folklorista, y de su padre, también interesado en este tema, heredó Machado su afición a la poesía de tipo tradicional, como se refleja no sólo en la recreación de algunos de sus motivos básicos, como aquí éste del agua, sino también en el uso del romance y otros metros cortos populares que lo acompañan a todo lo largo de su trayectoria poética.

Pero es la tercera estrofa del poema la que aquí nos interesa:

> Anoche cuando dormía
> soñé, ¡bendita ilusión!,
> que una colmena tenía
> dentro de mi corazón;
> y las doradas abejas
> iban fabricando en él,
> con las amarguras viejas
> blanca cera y dulce miel.

Machado ambiciona un corazón en el que el dolor pueda salir transformado en algo positivo. Qué tenga esto que ver con su poética, lo expresará claramente en un poema que es de hecho toda una declaración de intenciones:

> Leyendo un claro día
> mis bien amados versos,
> he visto en el profundo
> espejo de mis sueños

---

[2] *Campos de Castilla*, CXXVIII.

que una verdad divina
temblando está de miedo,
y es una flor que quiere
echar su aroma al viento.
  El alma del poeta
se orienta hacia el misterio.
Sólo el poeta puede
mirar lo que está lejos
dentro del alma, en turbio
y mago sol envuelto.
  En esas galerías,
sin fondo, del recuerdo,
donde las pobres gentes
colgaron cual trofeo
  el traje de una fiesta
apolillado y viejo,
allí el poeta sabe
el laborar eterno
mirar de las doradas
abejas de los sueños.
  Poetas, con el alma
atenta al hondo cielo
en la cruel batalla
o en el tranquilo huerto,
  la nueva miel labramos
con los dolores viejos,
la veste blanca y pura
pacientemente hacemos
y bajo el sol bruñimos
el fuerte arnés de hierro.
  El alma que no sueña,
el enemigo espejo,
proyecta nuestra imagen
con un perfil grotesco.
  Sentimos una ola
de sangre en nuestro pecho,
que pasa ... y sonreímos,
y a laborar volvemos.

De nuevo aparece aquí la imagen del poeta como la de aquél que es capaz de escrutar el misterio (vv. 9-14), que ahora busca en el fondo del alma. Y de nuevo, la metáfora del laborar de las abejas, ahora explícitamente refiriéndose al trabajo del poeta:

> Poetas [...]
> la nueva miel labramos
> con los dolores viejos ...

El tercer poema que aquí transcribimos está compuesto en un momento de desánimo. El poeta se lamenta de la incapacidad de su corazón para la transformación del dolor que fue posible otras veces. La comparación entre un pasado poético fructífero y un presente destructivo se formula en un torrente de metáforas, una detrás de otra, casi atropellándose, desafiando, de hecho, la negación misma que el poema plantea:

> Eran ayer mis dolores
> como gusanos de seda
> que iban labrando capullos;
> hoy son mariposas negras.
> ¡De cuántas flores amargas
> he sacado blanca cera!
> ¡Oh tiempo en que mis pesares
> trabajaban como abejas!
> Hoy son como avenas locas
> o cizaña en sementera,
> como tizón en espiga,
> como carcoma en madera.
> ¡Oh tiempo en que mis dolores
> tenían lágrimas buenas,
> y eran como agua de noria
> que va regando una huerta!
> Hoy son agua de torrente
> que arranca el limo a la tierra.
> Dolores que ayer hicieron
> de mi corazón colmena,

hoy tratan mi corazón
como a una muralla vieja:
quieren derribarlo, y pronto,
a golpe de la piqueta.

"Ayer," los pesares del poeta, trabajando como abejas, transformando las flores amargas en blanca cera; o los gusanos, haciendo seda de ellos; o las lágrimas, agua buena para el riego de la huerta. Frente a este productivo ayer, se destaca el dolor de este "hoy," destructivo, convertido en mariposas negras, avenas locas, cizaña, tizón, carcoma, agua de torrente: una espiral vertiginosa de movimiento centrípeto de la que el poeta no puede escapar.

Decíamos más arriba que no necesariamente el artista es el que mejor entiende el significado de su obra. Pero en el caso de Machado, su lucidez es admirable. Pensamos, en efecto, que en esta metáfora de la colmena y sus variantes, se encuentra una clave importantísima su poética. El arte, para Machado, ha de ser capaz de resolver lo negativo en algo positivo. Lejos de las estériles actitudes escapistas, este arte se nutre en el dolor, lo mira cara a cara, lo mima, lo acaricia y nos lo devuelve transformado. Los poemas analizados a lo largo de este libro son el fruto más logrado en este sentido, pero la poesía de Machado está toda ella orientada, traspasada por ese *desideratum* de superación del dolor. Una poesía como la de Machado, y volvemos a la tesis central de este libro, nos ayuda a vivir mejor. El lector, que conoce, de una forma o de otra, el dolor del que arrancan los versos de Machado, asiste, de la mano del poeta, a la superación del mismo.

Llegando como estamos al final del milenio, nuestro cambio de siglo se reviste de una significación especial. Es el momento preferido para preguntarse por el futuro. No es que el último segundo del milenio vaya a ser muy diferente del primero del nuevo, pero nuestra división del tiempo crea la ilusión de un cambio de mundo con un cambio de siglo, y así ocurre especialmente con el nuestro. Utilizando una imagen favorita de la retórica del día, la del puente que hay que construir para conectar ambos siglos, o ambos mundos, imaginémoslo ya casi terminado y subamos a él para otear el lado por donde asoma el milenio que viene y preguntarnos por el arte del futuro. ¿En qué términos nos es dado pensarlo? Difícil, probablemente inútil, predecir o describir lo que se vaya a hacer en los próximos años. Pensemos en el arte del futuro de otra forma, esto es, qué arte del presente va a traspasar los umbrales del siglo, qué arte de hoy en día, o del pasado, va a vivir en el futuro. O, dicho de otro modo, a través de una metáfora que hace de este asunto algo más manejable: cuando hagamos nuestro equipaje para cruzar el puente que conecta un siglo con otro, qué arte vamos a meter en la maleta, conscientes de que no hay vuelta posible; qué vamos a querer tener con nosotros al otro lado.

"poetas [...]/ la nueva miel labramos/ con los dolores viejos"... La poesía de Antonio Machado, asombrosamente coherente con su poética, ha superado con ventaja la prueba del tiempo para este siglo. Nada nos hace pensar que no vaya a seguir haciéndonos compañía en el siglo que viene.

Obras consultadas

Albert, Ethel M., Denise, Theodore C., Peterfreund, Sheldon P. *Great Traditions in Ethics*. 2ª ed. Belmont,CA: Wadsworth, 1988.

Albornoz, Aurora de. *La presencia de Miguel de Unamuno en Antonio Machado*. Madrid: Gredos, 1968.

Alonso, Dámaso. Cuatro poetas españoles. (Garcilaso. Góngora. Maragall. Antonio Machado). Madrid: Gredos, 1962.

Arana, J.R. *Antonio Machado. Cartas a Miguel de Unamuno*. Mexico: Fondo de cultura ecómica,1957.

Aranguren, José Luis. *El oficio del intelectual y la crítica de la crítica*. Madrid: Vox, 1979.

———. *Ética*. Madrid: Revista de Occidente, 1979.

Aristóteles. *Poética*. Madrid: Austral, 1971.

Astrada, Carlos. "Autenticidad de Juan de Mairena.," *Nación* [Buenos Aires] 3 Dic.1939: 8.

Barbagallo, Antonio. *España, el paisaje, el tiempo y otros temas, en la poesía de Antonio Machado*. Soria: Diputación Provincial, 1993.

Bell, Clive. *Art*. London: Chatto and Windus, 1914.

Bergamín, José. "Antonio Machado, El bueno." *La Torre* 12.45-46 (1964): 257-264.

Bernard, Sesé. *Antonio Machado (1875-1939). El hombre, el pota, el pensador*. Madrid: Gredos, 1980.

Blanco Aguinaga, Carlos, Rodriguez Puértolas, Julio y Zavala, Iris M. *Historia social de la literatura española (en lengua castellana)*. 2ª ed. 3 vv. Madrid: Castalia, 1981.

Blanco Aguinaga, Carlos. "Sobre la *autenticidad* de la poesía de Machado." *La Torre* 12.45-46 (1964): 387-408.

Booth, Wayne C. *The Company We Keep. An Ethics of Fiction*. Berkeley: University of California Press, 1988.

Bousoño, Carlos. *Teoría de la expresión poética*. Madrid: Gredos, 1966.

———. "En torno a 'Malestar y noche' de García Lorca." Varios Autores. *El comentario de textos*. Madrid: Castalia, 1973: 305-338.

Broyard, Anatole. "Fiction: A user's manual." *New York Times* 22 En.1989.

Carreras Roca, Dr. M. y Carreras Prados, M. "Bosquejo caracteriológico de Antonio Machado a través de sus poemas." *Medicina e Historia* 55 (1969): 45-52.

Casalduero, José María: "Antonio Machado, poeta institucionista y masón." *La Torre* 12.45-46(1964): 99-110.

Cerezo Galán, Pedro. *Palabra en el tiempo: poesía y filosofía en Antonio Machado*. Madrid: Gredos, 1975.

Craige, Betty J. *Selected poems of Antonio Machado*. Baton Rouge: Lousiana University Press, 1978.

Croce, Benedetto. *The essence of aesthetic*. Norwood, PA: Norwood Editions, 1976.

Delgado Fito, C. *Antonio Machado: el hombre y el poeta*. Buenos Aires: Losada, 1962.

Díaz Plaja, Guillermo. *Modernismo frente a Noventa y ocho*. Madrid, Espasa Calpe, 1951.

Dickie, George. *Art and the aesthetic: an institutional analysis*. Ithaca,NY: Cornell University Press, 1974.

Ehrenburg, Iliá. *Gentes, años, vida. Memorias, 1921-1941*. Barcelona: Planeta, 1985.

Domínguez Rey, Antonio. *Antonio Machado*. Madrid: Edaf, 1979.

Espina, Concha. *De Antonio Machado a su grande y secreto amor*. Madrid: Gráficas Reunidas, 1950.

Foot, Philippa. *Theories of ethics*. London: Oxford University Press, 1967.

Foucault, Michael. *Un diálogo sobre el poder*. 3ª ed. Madrid: Alianza Editorial, 1985.

Gómez de Vaquero, A.. "Aspectos en torno a tres poetas: Antonio Machado, Abel Martín y Juan de Mairena." *Voz*, [Madrid] 17 mayo 1928: 5-6.

Gónzalez, Angel. *Antonio Machado*. Madrid: Júcar, 1986.

———. Introducción. *Antología*. De Antonio Machado Madrid: Júcar, 1979.

Gónzalez, E. *Antonio Machado y la masonería*. Nueva York: 1957

Green, Thomas F. *The activities of teaching*. New York: McGraw-Hill, 1971.

Guadalajara, Simón. *El compromiso en Antonio Machado (a la ética por la estética)*. Madrid: Emiliano Escolar, 1984.

Guillén, Nicolás. "Permanencia de Antonio Machado.," *Hoy*, [La Habana] 27 feb.1949: 23-24.

Gullón, Ricardo. *Relaciones entre Antonio Machado y Juan Ramón Jiménez*. Universita di Pisa, 1964.

———: *Una poética para Antonio Machado*. Madrid: Gredos, 1969.

Gullón, Ricardo y Phillips, Allen W. *Antonio Machado*. Madrid: Taurus, 1973.

Gutiérrez Girardot, R. "Tres poetas en Antonio Machado." *Revista de la Asociasción Patriótica Española* 17.207(1945):21-34.

Hoff Sommers, Christina. *Vice and virtue in everyday life. Introductory readings in ethics*. Orlando, FA: Harcout Brace Jovanovich, 1985.

Izquierdo, Luis. "La coherencia personal en la obra de Antonio Machado." *Cuadernos para el diálogo* 29 (1966): 26-27.

Kierkegaard, Soeren. "Equilibrium between the Aesthetical and the Ethical in the Composition of Personality." *A Kierkegaard Anthology*.

Princeton: Princeton University Press, 1974.

Larralde, Pedro. "Ideas y creencias en Antonio Machado." *Sur* 117 (1944): 84-89.

Lascaris Commeno, Constantino. "El despretar de la conciencia moral en 'La tierra de Alvargonzalez'." *Cuadernos Hispanoamericanos* 128-129 (1960): 236-247.

Levinas, Enmanuel. *Totalidad e infinito. Ensayo sobre la exterioridad.*2ª. Salamanca: Sígueme, 1987.

López Morillas, Juan. *Intelectuales y espirituales: Unamuno, Machado, Ortega, Marías, Lorca.* Madrid: Revista de Occidente, 1951.

———. "Antonio Machado: ética y poesía." *Insula* 13.256 (1968): 1 y 12.

Machado, José. *Ultimas soledades del poeta Antonio Machado (Recuerdos de su hermano José).* Madrid: Forma, 1977.

MacIntyre, Alasdair C. *A short history of Ethics.* New York: MacMillan, 1966.

Macrí, Oreste. Edición crítica. *Poesía y prosa.* De Antonio Machado. 4 vols. Madrid: Espasa-Calpe, 1988.

Monserrat, S. *Antonio Machado, poeta y filósofo.* Buenos Aires: Losada, 1943.

Ortega y Gasset, José. "La deshumanización del arte y otros ensayos de estética." *Obras de José Ortega y Gasset.* Madrid: Revista de Occidente,1983.

Pincoffs, Edmund L. *Quandaries and virtues. Against reductivism in ethics.* Kansas: University Press of Kansas, 1986.

Pole, David. *Aesthetics: form and emotion.* New York: St. Martin's Press, 1983.

Predmore, Michael P. *Una España joven en la poesía de Antonio Machado.* Madrid: Insula, 1981.

Rachjman, John.

Ribbans, Geoffrey. *Poetry and integrity in Antonio Machado.* London: The Hispanic and Luso Brasilian Council,1975.

———. *Niebla y soledad (Aspectos de Unamuno y Machado).* Madrid: Gredos,1971.

Richards, Ivor. A. *Practical criticism: a study of literary judgment.* London: Routledge and Kegan Paul, 1964.

Rodriguez Puértolas, Julio y Perez Herrero, Gerardo. Colección, introducción y notas. *La guerra. Escritos: 1936-1939* De Antonio Machado. Madrid: Emiliano Escolar, 1983.

Rorty, Richard. *Philosophy and the mirror of nature.* Princenton: Princenton University Press, 1980.

Salvador, Gregorio. "'Orillas del Duero', de Antonio Machado." Varios Autores. *El comentario de texto.* Madrid: Castalia, 1973: 271-284.

Sanchez Barbudo, A. *El Pensamiento de Antonio Machado*. Madrid: Guadarrama, 1974.

———. *Estudios sobre Unamuno y Machado*. Madrid: Guadarrama, 1959.

Savile, Anthony. *The test of time: an essay in philosofical aesthetics*. Oxford: Clarendon Press, 1982.

Schiller, Frederich. *La educación estética del hombre*. Madrid: Austral, 1956.

Scorsone, María. *El concepto de "tiempo vital" en la poética de Antonio Machado*. Syracuse: 1968 (tesis)

Shelley, Percy B. *Shelley's* Defence of Poetry *and Blunden's Lectures on Defence*. Folcroft,PA: Folcroft Press, 1969.

Siebers, Tobin. *The Ethics of Criticism*. Ithaca, NY: Cornell University Press, 1988.

Ten Centuries of Spanish Poetry. An Anthology in English Vers with Origin—al Texts. Ed. Eleanor L. Turnbull. Baltimore: The Johns Hopkins University Press, 1955.

Tolstoy, Leo. *What is Art? And Essays on Art*. London: Oxford University Press, 1962.

Torre, Guillermo de la. Ensayo preliminar. *Obras. Poesía y prosa*. De Anonio Machado. Buenos Aires: Losada, 1964.

Trías, Eugenio. *Drama e identidad bajo el signo de interrogación*. Barcelona: Barral, 1974.

Trueblood, Alan S.. *Antonio Machado. Selected Poems*. Cambridge, Massachusetts and London, England: Harvard University Press, 1982.

Tuñón de Lara, Manuel. "La superación del 98 por Antonio Machado." *Bulletin Hispanique* 67.2 (1975):35-71.

Valverde, José María. *Antonio Machado*. Madrid, Siglo XXI,1975.

———. "Hacia una poética del poema." *Cuadernos Hispanoamericanos*.28 (1956): 71-92.

———. Edición, introducción y notas. Juan de Mairena. Por Antonio Machado. Madrid: Castalia, 1971.

Warnock, Mary. *Ethics since 1900*. 3ª. London: Oxford University Press, 1968.

Ynduráin, Domingo. *Ideas recurrentes en Antonio Machado*. Madrid: Ediciones Turner,1975.

Zambrano, María. *Los intelectuales en el drama de España (1936-1939)*. Madrid: Hispamerca, 1977.

———. *Filosofía y poesía*. México: Fondo de cultura económica, 1987.

Zaragoza Such, Francisco. *Lectura ética de Antonio Machado*. Editora Regional de Murcia: Murcia, 1982.

Zubiría, Ramón de. *La poesía de Antonio Machado*. Madrid: Gredos, 1955.